图说天下 研学中国

U0634764

WUHAN

研学

武汉

湖北省博物馆

热干面

甘肃少年儿童出版社

· 兰州 ·

图书在版编目（CIP）数据

研学武汉 /《图说天下》编委会编著 . -- 兰州：
甘肃少年儿童出版社 , 2025. -- ISBN 978-7-5422-
7704-6

Ⅰ . K926.31-49

中国国家版本馆 CIP 数据核字第 2025NB2155 号

研学武汉
YANXUE WUHAN

《图说天下》编委会 编著

选题策划：日读图书

责任编辑：王　森

项目统筹：杨　静

文图统筹：刘钰琨

文稿撰写：马不不

封面设计：罗　雷

美术统筹：吴金周

图片来源：视觉中国

出版发行：甘肃少年儿童出版社

　　　　　（兰州市读者大道 568 号）

印　　刷：天津市光明印务有限公司

开　　本：787 毫米 ×1092 毫米 1/16

印　　张：6

字　　数：120 千

版　　次：2025 年 6 月第 1 版

印　　次：2025 年 6 月第 1 次印刷

印　　数：1 ~ 20 000 册

书　　号：ISBN 978-7-5422-7704-6

定　　价：50.00 元

如发现印装质量问题，影响阅读，请与出版社联系调换。

电话：0931-8773267

前言
FOREWORD

在浩瀚的历史长河中，中华民族犹如一艘乘风破浪的巨轮，承载着千年的文明与智慧，一直踏浪前行。在这片广袤无垠的土地上，山川壮丽，江河奔腾，大地辽阔，文化多元，每一座城市、每一个村落都蕴藏着无尽的传奇。

我们特为青少年朋友们编纂此套"研学中国"书系，正是因为看到新时代少年在讲述中国故事、传承中国文化上的巨大能量，他们正是"少年强则国强"的最佳践行者。中国的"研学"思想历史悠久，看大禹治水过程中的实地探索、孔子的周游列国等，无一不是在游历中获得智慧。本套书以城为舟，以智慧为帆，旨在引领读者游遍山河、广学知识，在"边游边学"中砥砺向前。

武汉位于长江与汉江交汇处，独特的地理位置使其自古便是南北交通枢纽。作为华中重镇，这里既有商周时期盘龙城的文明印记，也有近代武昌起义的历史转折，更在现代科技创新中占据重要地位。当我们将目光投向这座城市的每个角落，看到的不仅是一部立体的中国城市发展史，更是传统与现代交融的鲜活样本。

在武汉，我们能看到黄鹤楼屹立千年，见证李白、崔颢笔下的诗意传承；江汉关钟楼的钟声回荡，诉说着开埠通商的历史风云。从汉阳铁厂遗址到在建的光谷未来科技城，工业文明的齿轮声与数字经济的代码在此交替回响。漫步汉口老租界，欧式建筑群与里份民居构成建筑博物馆；登上武汉长江大桥，钢铁长虹连接着两岸不断生长的城市天际线。在湖北省博物馆的曾侯乙编钟前，我们能触摸青铜时代的精湛技艺；在中国桥梁博物馆内，又能读懂"中国建桥之都"的现代工程智慧。

跟随《研学武汉》，漫步在清晨的武汉街巷，体验承载着武汉人"过早"的日常仪式；走在东湖绿道上，感受着武汉城中湖的生态魅力。以脚步丈量这座英雄之城，这里每座博物馆都是打开历史的钥匙，每条街道都藏着解读城市性格的密码。

以少年之志，研学中国！穿越千年的历史长河，深潜广袤的地理版图，共赴一场壮丽的中国研学之旅。

目录

CONTENTS

第二站
PART 02
寻迹江城

PART 01

第一站
认识武汉

我的武汉(WUHAN)研学之旅

武汉作为湖北省的省会城市，不仅是一座国家历史文化名城，也是一座充满了烟火气的城市，还是中国中部地区的交通枢纽。让我们在研学中了解武汉，来一场深入的研学之旅吧!

＊ 你印象中的武汉是什么样子，用至少五个关键词概括一下。

想一想，武汉在哪里?

地点
01

02
武汉印象

出行前查询当地天气情况、准备随身装备。

天气:

衣物:

其他随身物品:

03
信息及装备

04
研学期待

研学准备

"茫茫九派流中国，沉沉一线穿南北"，武汉这座城市不仅有着大江大湖的磅礴气魄，还有荆楚文化的深厚积淀。让我们一同踏入这座英雄之城，开启武汉研学之旅。

◆ 去武汉最想去的地方

◆ 最想要了解武汉哪个地方的传说

◆ 最想要收获什么

◆ 完成自己的研学课题

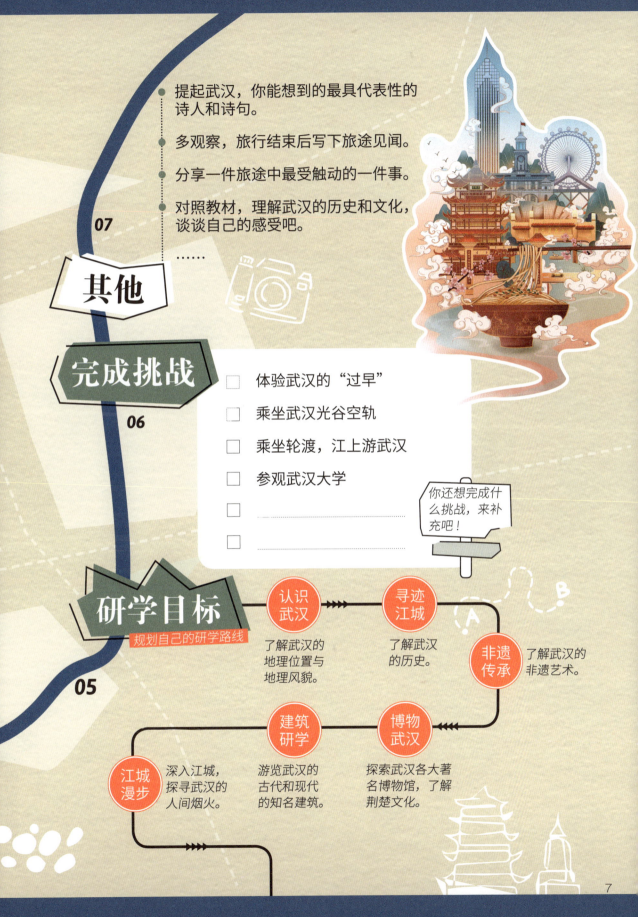

- 提起武汉，你能想到的最具代表性的诗人和诗句。

- 多观察，旅行结束后写下旅途见闻。

- 分享一件旅途中最受触动的一件事。

- 对照教材，理解武汉的历史和文化，谈谈自己的感受吧。

  ……

其他

完成挑战

- ☐ 体验武汉的"过早"

- ☐ 乘坐武汉光谷空轨

- ☐ 乘坐轮渡，江上游武汉

- ☐ 参观武汉大学

- ☐ ....

- ☐ ....

你还想完成什么挑战，来补充吧！

研学目标

规划自己的研学路线

认识武汉 → **寻迹江城**

了解武汉的地理位置与地理风貌。

了解武汉的历史。

非遗传承

了解武汉的非遗艺术。

建筑研学 ← **博物武汉**

江城漫步

深入江城，探寻武汉的人间烟火。

游览武汉的古代和现代的知名建筑。

探索武汉各大著名博物馆，了解荆楚文化。

地理位置：
中国腹地中心、湖北省东部、长江与汉水交汇处

气候：
亚热带湿润季风气候区，夏热冬冷，夏雨冬干，为长江流域三大高温中心之一

区划：
全市辖 13 个行政区和 6 个功能区

面积：
8569.15 平方千米

人口：
常住人口 1377.4 万（2023）

中国国家历史文化名城之一

"九省通衢"之地

武汉是华中地区的特大中心城市，同时也是重要的交通枢纽，地处北上南下、西进东征的咽喉要道，历史上乃兵家必争之地。

东经 113°41'~115°05'
北纬 29°58'~31°22'

二江交汇，三镇鼎立

长江及其最长支流汉水交汇通过武汉市区，形成了武昌、汉口、汉阳三镇鼎立的格局。

在平面直角坐标上，武汉形如一只自西向东起舞的蝴蝶。

全世界水资源最丰富的特大城市

武汉市内的汤逊湖是中国第一大城中湖，且是亚洲最大的城中湖。

百湖之市

黄鹤楼中吹玉笛，江城五月落梅花。

——〔唐〕李白《与史郎中钦听黄鹤楼上吹笛》

因唐代诗人李白写下的诗，武汉有了"江城"的别称。

武汉黄陂区的盘龙城，考古发现其建城时间当在商代，距今 3500 年左右。

武汉在春秋时属于楚国，春秋战国以来一直都是中国南方的商业和军事重镇。

第一印象·遇

楚文化发祥地

见武汉

> 1911 年 10 月 10 日，辛亥革命的首义在武昌爆发。

首义之城

武汉十大名点

热干面、三鲜豆皮、面窝、鲜肉汤包、鲜鱼糊汤粉、蛋酒、腊肉豆丝、糯米鸡、重油烧卖、糯米包油条。

英雄之城

武汉市内有许多用抗战英雄命名的街区，还有100多处革命纪念地，到处都有红色印记。

"过早"

湖北人对吃早餐的俗称，武汉的早餐以种类多、搭配妙、价不高还吃得饱为特色。

昔人已乘黄鹤去，此地空余黄鹤楼。

—— 〔唐〕崔颢《黄鹤楼》

> 梅花以其傲骨铮铮、不畏严寒的特性，成为武汉精神的象征。

武汉的市花——梅花

> 黄鹤楼是我国江南三大名楼之一，有"天下绝景"之称。

> 在长江与汉水交汇之处，作为"九省通衢"之地的湖北省省会武汉，用它得天独厚的地理位置、丰富的自然资源、多样的美食吸引着游人前来。东湖的碧波荡漾，黄鹤楼的古朴巍峨，长江大桥的雄伟壮观，以及户部巷的热闹喧嚣，共同绘制出一幅动人的城市画卷。

16

05

汉口火车站

原身为大智门火车站，后搬迁至发展大道，是武汉的"三大火车站"之一，也是中国最大的欧式风格火车站。

武汉博物馆

12

09

黄鹤楼

06

14

08

晴川阁

07

10

走遍武汉

11

辛亥革命博物院

俯瞰辛亥革命博物馆，其整体建筑是一个象征胜利的红V。

湖北省博物馆坐落于东湖之滨，是荆楚文化的核心展示窗口，馆藏文物涵盖青铜器、漆木器、玉器等门类，尤以曾侯乙编钟、越王勾践剑等"十大镇馆之宝"闻名中外。

04 湖北省博物馆

户部巷

被誉为"汉味小吃第一巷"，人们在这里能品尝地道的武汉早点。

武汉大学位于武汉东湖之滨珞珈山麓，中西合璧的百年建筑与四季花海相映成趣，是教育部直属的全国重点大学，位列国家"双一流""985工程""211工程"。

武汉大学

武汉长江大桥

武汉长江大桥1957年建成通车，是新中国首座公铁两用长江大桥，连接武昌蛇山与汉阳龟山，是中国桥梁现代化的一座里程碑。

怀抱千湖的荆楚大地
千湖之省 云梦泽畔

湖北位于我国中部，古称"楚"，又名"荆楚"，宋代开始因为地处洞庭湖以北而得名"湖北"。如果说壮丽的江河是湖北气血充足的动脉，那么雄伟俊逸的山地则仿佛湖北挺直的脊梁。群山环抱绿水，钟灵毓秀，江河纵横，湖北的大江大河给这片土地带来了非同寻常的气象。

湖北省以林地和耕地为主要土地资源，呈现"五分林地三分田，一分城乡一分水"的格局。

数读神农架 ↙

维管束植物 **3758** 种

野生脊椎动物 **600** 多种

重点保护野生动物 **75** 种

国家重点保护野生植物 **36** 种

神农架
神农架拥有全球中纬度地区唯一一块保存完好的北亚热带原始森林。

研学地点
神农架，三峡

研学关键词
江汉平原，两湖盆地

研学目标
了解湖北地理概况

研学思考
湖北省的水资源分布对当地的农业产生了怎样的影响？

三面环山筑堡垒

一般而言，提起湖北，人们首先想到的一定是奔流不息的长江、星罗棋布的湖泊、盛产鱼米的江汉平原，却很少会有人注意到湖北周边还围绕着一圈大山。其实平原与湖泊只是湖北的一小部分，从地势上看，湖北处于我国地势第二阶梯向第三阶梯的过渡地带，西高东低，相差悬殊。

西部森林茂密，河谷幽深，海拔3106.2米、号称"华中第一峰"的神农顶就坐落在这里。"天下第一仙山"武当山、大巴山脉、武陵山脉也在鄂西部耸峙屹立，非常适合珍稀动植物生活，生物物种丰富多样。

东北部低山丘陵，有秦岭余脉桐柏山、大别山、幕阜山等，是长江、淮河水系的分水岭，岭谷相间，海拔多在500米以下。东南部与湖南交界的地方，也是土家族、苗族等少数民族的聚居地，同这里谜一样的天坑、地缝、峡谷、暗河般，散发着神秘气息。

中间还有局部海拔可达2000余米的巫山山脉，它被长江切穿后便形成了三峡中的第二峡巫峡，峡长谷深、迂回曲折。

群山三面环绕，只给湖北留了一个长江向东的出口，在长江及支流汉江冲积之下，地势由西北微向东南逐渐平坦，江汉平原接连起长江南岸的洞庭湖平原，共同构成了"两湖盆地"，成了广为人知的鱼米之乡。

研学新知

湖北省为什么叫湖北？

"湖北"二字的名称来自宋朝，因为湖北所处的地理位置在长江中游，洞庭湖以北，故而得名"湖北"。

宋初设立"荆湖北路"，简称"湖北路"，下辖江陵府、鄂州、复州、峡州、归州（秭归）等如今湖北省的大部分地区，这也是"湖北"这一名称在历史上的首次出现。

元朝时期，湖北被长江一分为二，以北属河南行省，以南属湖广行省。

到了清朝，湖广分治，以洞庭湖为界，以南称湖南省，以北称湖北省，湖北名称正式确定下来，沿用至今。

鹤峰屏山大峡谷

湖北省的土家族与苗族主要集中在恩施土家族苗族自治州。

恩施的鹤峰屏山大峡谷被誉为"中国仙本那，世外古桃源"。

千湖之省育平川

作为"千湖之省"的湖北，最不缺的就是水。世界第三大河流长江从鄂西的恩施土家族苗族自治州的巴东县进入湖北，然后流经湖北境内8个市（州）、41个县（市、区），最终止于黄冈市黄梅县，绵延1061千米，是长江流经里程最长的一段。

官渡河

十堰

襄阳

汉江

随州

涢水

荆门

孝感

武汉

长江

黄冈

鄂州

黄石

湖北境内的主干河流 **汉江**

汉江作为长江最长的支流，自秦岭南麓而出，从湖北的西北方向进入省内，向东南方向而行，经十堰、襄阳等地，最后与长江交汇于武汉，全长858千米。

湖北降水丰沛，河流密布，随着长江、汉江带来的泥沙沉积，江汉平原的古代湖泊群"云梦泽"逐渐消亡成陆，形成遍布湖北的湖泊与湿地资源。这些湖泊像一颗颗明珠镶嵌于纵横交错的荆山汉水之间，晶莹灵动，独具风情，被统称为江汉湖群。

数读湖北水文

长度**5**千米以上的河流 **4229** 条

纳入湖北省政府湖泊保护名录的湖泊 **755** 个

湖泊水面面积 **2706.85** 平方千米

六省接壤连水陆

湖北省位于中国自然、经济、交通格局的中枢位置，因为承东启西、接南纳北、通江达海的独特区位，有"九省通衢"之美誉。

如果往回追溯可以发现，历史上被誉为"九省通衢"的地方有很多，但只有湖北将这个名称延续至今，这是为什么？

要说清楚这个问题，我们需要先来看看与湖北接壤的周边省份都有哪些。

通过地图可以得知，湖北周边的省市有安徽、江西、湖南、重庆、陕西、河南六个，并没有九个这么多。所以实际上，"九省"绝不是字面意义上的九个省，而是一种泛指，是对交通上极其便利之地的形象描述。

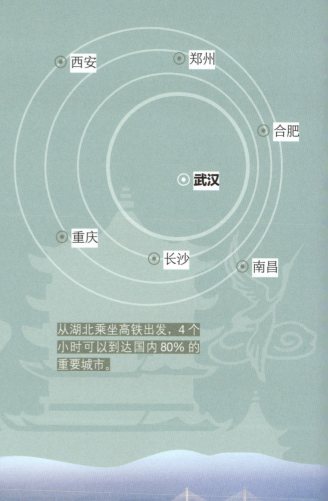

从湖北乘坐高铁出发，4个小时可以到达国内80%的重要城市。

经济发达

与同样交通发达的邻省河南相比，湖北的经济地理格局有所不同。

自从1861年汉口被辟为对外通商口岸开始，湖北武汉迅速城市化，率先完成了从古代商镇到近代工商业城市的转型。此后，湖北其他沿江地区也相继开埠。

水路与陆路交通发达

湖北丰富巨大的河流水系网络，使得湖北的水路异常发达。武汉天河国际机场、宜昌三峡机场等现代化机场的建成，使得湖北与世界的联系更加紧密；而武汉站、武昌站、汉口站等火车站，则成了连接南北、沟通东西的铁路枢纽，成为中国最重要的"中枢"。

大江大河大武汉

楚江楚水楚天阔

武汉位于中国版图的中心位置，长江、汉水在这里激情相汇，形成了三镇鼎立的独特地理格局。这种自然环境赋予了武汉"九省通衢"的美誉，也使其成为中国内陆重要的水陆交通枢纽。长江的浩渺与汉水的灵动，不仅滋养了这片土地，也为武汉带来了繁荣的商业贸易和深厚的文化底蕴。

研学地点
长江大桥，黄鹤楼，汉江

研学关键词
两江交汇

研学目标
了解武汉地理知识

研学思考
如果你是古代将领，你会在哪个位置设防？

泾渭分明的两江

长江与汉江在武汉交汇，两江的水流相互交织，长江的含沙量大，江水浑浊呈现黄色；汉江的含沙量小，江水相对更为碧绿。由于泥沙含量、流速和水质等因素的差异，两条江水颜色对比鲜明，有时会出现"泾渭分明"的奇特景象。

汉口

汉江

"九省通衢"的交通枢纽

作为我国少有的水路、铁路、公路和航空运输都非常发达的城市，武汉自古就有"九省通衢"的美誉。早在水运时代，武汉就是四通八达的"十字路口"，串联起东西最重要的黄金水道——长江航道。1861年汉口开埠后，汉口码头成了中国货物出海的重要中转地，时至今日，"亿吨大港"武汉港的吞吐量更是足以与海港媲美。

夜间阳逻港依然灯火通明。

武昌

长江

汉阳

武汉市是长江带上两岸均衡发展的典型代表城市。

两江交汇 依水繁盛

武汉是与水相伴的城市，长江与汉江对武汉这座城市的建设有着至关重要的作用。滚滚长江从三峡奔腾而出，与发源于秦岭的汉江交汇后，形成一个"丁"字水路，两江划三镇，分隔开武昌、汉口、汉阳，再汇成一条，一路直奔东海。

这一自然条件为武汉带来了丰富的水资源和便利的水运条件，同时促进了陆路、航空等多种交通方式的发展，使得武汉成为连接中国东西南北的重要枢纽，吸引来更多投资和资源，为城市经济的发展提供了强大支撑。

刘邦　　刘秀

研学新知

汉江与汉文化

汉江流域是中华文明的发祥地之一。秦汉时期，从汉水走出了两位帝王——刘邦和刘秀，他们开辟和建立了西汉和东汉王朝，由此衍生出了汉族、汉服、汉语、汉字等丰富的汉文化。这些因汉水兴起的文化又赋予了这条河流更为深邃的文化内涵，对后世产生了深远的影响。

一城山水半城湖
武汉的"湿与远方"

因水而生的武汉，湖中是城，城中有湖。在武汉市内分布着大量江河湖泊，水域面积占全市总面积的四分之一以上。东湖、月湖、沉湖、后官湖等湖泊，凝聚了这座大城兼收并蓄的底蕴。同时这也是一座名副其实的"湿地之都"，湿地总面积达1624.61平方千米，是全国拥有国家级湿地公园数量最多的省会城市。

研学地点
东湖，后官湖湿地公园，中科院水生生物博物馆

研学关键词
湿地系统，候鸟观察

研学目标
了解武汉的湖泊与湿地系统

研学思考
我们应该如何保护湿地环境？

武汉湖泊的演变

武汉被称为"百湖之城"。先秦时期，江汉湖群曾属云梦泽，由于长江、汉水夹带的泥沙大量在湖盆沉积，到了北宋年间，原本辽阔的湖泊水域渐渐被众多小型湖泊与沼泽所取代，形成了武汉地区平原与湖沼交织共生的独特自然风光。从湖泊面积看，当前武汉及周边多以中小型湖泊为主，湖泊面积普遍都在数十至百余平方千米之间，除了面积较大的梁子湖以外，一般不超过150平方千米。

数读武汉湖泊

被列入湖泊保护名录的
湖泊 **166** 个

湖泊保护区面积
1400.34 平方千米

武汉 166 个湖泊分布

中心城区 **40** 个

新城区 **126** 个

武汉人以湖筑城，这些大大小小的湖泊不仅构成了武汉独特的自然景观，还是这座城市生态系统中不可或缺的重要组成部分。它们镶嵌在城市的脉络之中，不仅仅是自然之美的展现，还是这座城市生命力与活力的源泉。

湿地之都的脉动

武汉与湿地的缘分久远，跨越千年的深厚纽带可以追溯至4000年前，古云梦泽发育形成之初，纵横交错的大江大河与星罗棋布的湖泊湿地构成了这座城市的血脉。为了保护这些珍贵的湿地资源，截至2025年，武汉共建设了6个国家级湿地公园、5个湿地自然保护区，湿地总面积达1624.61平方千米，湿地资源居全球内陆城市前三，是国内拥有国家级湿地公园最多的城市。

自1992年中国加入《湿地公约》以来，中国在湿地保护方面取得了显著成就。截至2023年，中国列入《国际重要湿地名录》的湿地数量已增加到了82处，其中2013年被列入国际重要湿地名录的湖北沉湖湿地自然保护区，就在武汉。

研学新知

《湿地公约》

《关于特别是作为水禽栖息地的国际重要湿地公约》（简称《湿地公约》，又称《拉姆萨公约》）于1971年在伊朗拉姆萨通过，1975年12月21日生效。《湿地公约》旨在通过防止作为众多水禽繁殖和越冬栖息地的湿地的丧失，并通过倡导合理利用以保护湿地生态系统。武汉是全球现有国际湿地城市中唯一人口达千万以上的城市。

沉湖湿地自然保护区

江汉平原上最大的淡水湖泊沼泽湿地，被誉为"湿地水禽遗传基因保存库"。

东湖国家湿地公园

被称为城市"绿心"，经过人工治理后的一座"开放式的生态博物馆"。

天兴洲

长江武汉段最大的江心洲，由泥沙自然冲击形成。

青山江滩

湖北省首个以海绵城市理念建设的江滩，江滩内建设人工雨水湿地，修复长江生态。

涨渡湖湿地自然保护区

"涨水为渡，落水为湖"，是长江中下游第一个江湖连通的自然保护区。

多种鸟儿的打卡地

武汉位于"东亚—澳大利西亚"这一世界知名的候鸟迁徙通道之上，它不仅是本地留鸟繁衍栖息的乐园，而且承担着候鸟迁徙途中至关重要的中转站角色。候鸟作为检验湿地生态的重要指标，见证了武汉为湿地保护所付出的努力。

监测数据显示，截至2024年2月底，武汉地区鸟类总数达 463 种，其中包括国家重点保护野生动物 99 种。过去3年间，武汉市新增了 42 个鸟类新纪录，其中包括白肩雕、金雕、白头硬尾鸭等国家一级保护鸟类。

被全球称为"鸟中大熊猫"的世界级濒危物种——青头潜鸭种群，就在武汉筑巢。而府河之畔的广袤河滩也是这一国家一级保护动物在全球最南端的繁殖地。

出发，武汉湿地观鸟去！

每年的1月，是冬季武汉观察候鸟的最佳时期，寒风凛冽，却为武汉湿地拉开了一场盛大"演出"的帷幕。此时，万鸟齐飞的壮观景象在各湿地轮番上演。这些湿地是候鸟的温暖驿站，也是大自然馈赠的生态宝库。

在出发观鸟之前，有这些准备工作要做：

观鸟装备
▶ 准备放大倍率 8～10 倍的双筒望远镜，观水鸟也可携带单筒望远镜并配备三脚架；带上鸟类图鉴，或提前下载一些识别鸟种的手机软件。

衣物穿着
▶ 选择适合户外活动的轻便透气、暗色衣物，戴上帽子、涂抹防晒霜、佩戴太阳镜。

观鸟时间
▶ 选择日出后一小时内或日落前鸟类活跃时段观鸟。

注意事项
▶ 在观鸟时一定不要使用不当的方法吸引鸟类，也不能追逐鸟类或拿走鸟蛋。在观鸟的同时不要破坏鸟类栖息的环境。

黑脸琵鹭

观鸟地点 1 号

沉湖湿地自然保护区
地理位置：蔡甸区
可观赏鸟类：豆雁、灰雁、白鹤（国家一级）、灰鹤（国家二级），还有彩鹬、黑脸琵鹭等。

白鹭

观鸟地点 2 号

涨渡湖湿地自然保护区
地理位置：新洲区
可观赏鸟类：鹭鸟、雁鸭、
红嘴鸥等。

小天鹅

观鸟地点 3 号

上涉湖湿地自然保护区
地理位置：江夏区
　每年冬天能看到上千只小天
鹅在此栖息，还有雁鸭、普通鸬
鹚群栖。

小天鹅幼崽

观鸟地点 4 号

东西湖府河湿地天鹅湖
地理位置：东西湖区
　是距离市区最近的小天鹅观赏
点。可以观赏到雁鸭、小天鹅、白
琵鹭、青头潜鸭等鸟类。

青头潜鸭

雄性头部和颈部为黑色，有绿色
光泽，雌性头部和颈部为黑褐色。

长江中的"小精灵"

2022年，国际自然与自然资源保护联盟正式宣布白鲟灭绝，这并不是长江灭绝的第一个物种。

时至今日，尽管长江流域的鱼类资源已经初步展现出复苏迹象，但整体来说，长江流域重点物种的保护形势依然严峻。

大鲵（娃娃鱼）

中华鲟：长江之魂的传奇

保护级别：国家一级保护野生动物

分布区域：东南沿海大陆架水域和长江中下游干流

中华鲟是与恐龙生活在同时代的物种，是一种非常古老的鱼类。它的身长最长可达5米，体重可达500千克以上，体侧有五列棱形骨板，整体呈梭形。中华鲟为大型江海洄游性鱼类，是连接海洋与江河的纽带。

为了保护野生的中华鲟，人们采取了许多措施，如人工繁殖和增殖放流，但由于栖息地丧失和过度捕捞使其种群数量迅速下降，野生中华鲟的种群数量一直不容乐观，属于极度濒危的物种。

中华鲟

胭脂鱼：色彩斑斓的水中仙子

胭脂鱼

保护级别：国家二级保护野生动物

分布区域：生长在长江的上、中、下游，但以上游数量为多

胭脂鱼也称中华胭脂鱼，是我国特有的淡水珍稀鱼种。如果说中华鲟是长江的守护者，那么胭脂鱼则是这片水域中的一抹亮丽风景。胭脂鱼幼年时体形细长，体色半透明或灰白色。繁殖季节雄鱼体背转为橙黄色，体侧会出现一条鲜红的纵纹，颜色异常艳丽，色彩斑斓犹如胭脂，故而得名。也因为这一身特别的颜色，胭脂鱼有着"水中仙子""淡水美人鱼"的美誉。

长江江豚：微笑的天使

保护级别： 国家一级保护野生动物

分布区域： 长江中下游的宜昌（葛洲坝下）至长江入海口的崇明岛附近、长江中下游的大型通江湖泊（洞庭湖和鄱阳湖）及其支流（如赣江）

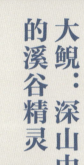

长江江豚被誉为"长江精灵"，是世界上唯一的淡水江豚，是中国的特有物种。

它们体形小巧，吻部短而阔，也没有背鳍，体色为灰黑色，喜欢自然泥沙质的近岸区域。因其嘴角上翘，被人们称为"微笑天使"。

3 只江豚在江中戏水。

大鲵：深山中的溪谷精灵

保护级别： 国家二级保护野生动物

分布区域： 山西、陕西、河南、湖南、湖北等地

大鲵又称娃娃鱼，因叫声像婴啼而得名，是现存体形最大的两栖动物。在湖北省恩施土家族苗族自治州建有咸丰忠建河大鲵国家级自然保护区，同时咸丰也是大鲵重要的原产地。作为省重点保护的水生野生动物，大鲵以其庞大的体形、独特的生理结构和顽强的生命力，成为自然界中的一大奇迹，也为长江流域的生物多样性贡献了一份力量。

大鲵静静地守护着这片净土。

长江流域物种保护迫在眉睫

长江流域分布着多达4300多种的水生生物，其中鱼类400多种，长江特有鱼类170多种，拥有中华鲟、长江鲟、长江江豚等国家重点保护水生野生动物11种。

2020年7月1日起，长江武汉段及汉江武汉段实施为期十年的常年禁捕。2021年1月1日，长江流域"一江两湖七河"及长江口禁捕管理区等重点水域十年禁渔计划也正式启动。

长江作为母亲河之一，不仅孕育了古老的华夏文明，也滋养了无数生灵。我们应当提高环保意识，减少污染，爱护长江，共同守护这些可爱的生灵。

探寻武汉城市之根
放鹰台与盘龙城遗址

当我们将目光投向遥远的过去，武汉的历史可上溯至遥远的新石器时期与殷商时期。但如果把时间倒回二十多年前，有文献记载的武汉最早城址还停留在三国时期的夏口城。直至武汉市黄陂区的盘龙城遗址被发掘，才将武汉的城建史又往前推了几千多年。这座遗址不仅见证了长江流域青铜文明的辉煌，还成了华夏文明发展的重要实物见证，被誉为"武汉城市之根"。

研学地点	**研学目标**
盘龙城遗址公园，放鹰台	了解武汉城市起源

研学关键词	**研学思考**
武汉之根	盘龙城遗址在中华文明起源和早期发展过程中的地位与影响是什么？

▶ **陶罐**

新石器屈家岭文化
中国考古博物馆藏
屈家岭文化的陶器主要是泥质黑陶与泥质灰陶。

新石器时期的曙光

新石器时期是武汉地区人类文明的重要发端时期之一，这一时期标志着人类从依赖天然石器向制造和使用磨制石器的转变，大量的考古发现为我们揭示了先民们的生活场景和文化特征。

位于武昌东湖湖畔的东湖放鹰台遗址，是武汉新石器时代早、中期的重要遗存之一。放鹰台因唐代大诗人李白在此观看放鹰而得名。1956年，湖北省博物馆考古工作者发现放鹰台是一处新石器时代文化遗址，后对此地进行了考古发掘。据考古发现，该遗址距今约6000年至5000年，属于屈家岭文化类型。

在这里出土了含有稻壳的红烧土、石斧、石锛和鱼叉等遗物，这些实物证明了当时人们已经掌握了农耕技术和渔猎技能，开始从事农业生产，并掌握了初步的手工艺技术，形成了较为稳定的农耕生活。

▶ **陶豆**

新石器屈家岭文化
中国考古博物馆藏

1956 年 发现东湖放鹰台遗址
1959 年 "放鹰台遗址"成为市级文物保护单位
1998 年 于水果湖西侧建起高台，上塑李白雕像

什么是屈家岭文化

屈家岭文化是中国长江中游地区新石器时代晚期的代表性考古学文化，因 1954 年发现于湖北省京山市的屈家岭遗址而得名。作为长江流域首个以遗址命名的考古学文化，它不仅填补了江汉平原史前文明研究的空白，还以实证性考古发现揭示了中华文明 "多元一体"的起源格局。

屈家岭文化主要分布于湖北、湖南为核心的两湖地区，遗址核心区位于京山市屈家岭国家考古遗址公园内。屈家岭遗址考古，70年来创下中国考古史上多项里程碑：“第一个出版考古发掘报告”“第一次明确了我国距今五千年的稻作遗存”。

李白与放鹰台的传说

相传诗人李白定居安陆后，有一天他去江夏拜访李邕故居，然而到了地方却发现李宅已经人去楼空，李邕的后人早已在龙泉寺出家为僧。独自伤感的李白只好从李宅离开，沿着洪山北麓朝东去，不知不觉间来到了东湖边，发现有一只鹰被猎人的陷阱套住动弹不得。李白于心不忍，走上前放走了这只鹰。后人便是根据这个传说在东湖边上建造了放鹰台。

 课外拓展

观放白鹰二首（其一）
〔唐〕李白
八月边风高，胡鹰白锦毛。
孤飞一片雪，百里见秋毫。

武汉最早的城市湖泊

《盘龙湖赋》中有云："汉水之北，滠口之阳；龙盘泽国，水潴云乡。"点出了盘龙湖的所在地。它东临长江，南接府河，背靠荆楚名岳木兰山，犹如一条蛟龙盘踞在汉口北郊，是武汉市最早的城市湖泊，长江流域第一古城——盘龙城商代遗址，也因盘龙湖而得名。

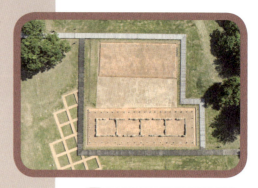

盘龙城遗址宫殿区

在盘龙城遗址内，共计发现了5座墓葬，出土了大量的石器、玉器、陶器、铜器等文物，盘龙古城得以重现在人们面前。

被水冲出来的殷商遗址

1954年，一场大洪水向武汉袭来，人们在盘龙湖取土石加固长江沿岸堤坝的过程中，意外发现了一座古城遗址，并对其进行了考古发掘。考古人员通过对古城遗迹的特征进行分析，认为这是一座具备宫城特性的商代城池，历史形态更为古老，与河南郑州的商城等同一时期的遗迹特征十分相似，也是长江流域发现的第一座商代古城。

铜卣 商

武汉城市之根

盘龙城地处南北要冲，坐拥富饶的大冶铜矿，同时这里有着高度发达的青铜铸造工艺。不仅城市规模宏大，而且具有相对独立、完整的城市体系，是一个兼具"城"和"市"的大型城市聚落。在商朝南方的政治、军事和经济中，盘龙城始终占据着举足轻重的地位。

盘龙城这一区域中心的地位开启了武汉城市文明的新时代，对后来武汉三镇的城市规划和建设发展都有着深远的影响，奠定了武汉作为中部中心城市的基础，也因此被称为"武汉城市之根"。

研学新知

湖北省为什么简称"鄂"？

据史书记载，殷商时期，长江流域有大量鳄鱼（古时称为"鼍"）分布，居住在这里的人类逐渐形成了一个以捕鼍为生的小城，称为鄂城（古时鄂、鳄、鼍、噩音义转录相通）。

西周中期，日益强大的楚国吞并了鄂城，为彰显战功，"鄂"字得以保留继续作为国名。楚国君主熊渠封他的儿子熊红为鄂王，并修建起宏伟的鄂王城，后来鄂城甚至一度成为楚国的都城。随着历史的变迁，虽然鄂国已经消失在历史的长河中，但"鄂"这个名字却与湖北牢牢地捆绑在了一起，使得"鄂"成了湖北省的重要象征和简称。

铜钺 商

盘龙城遗址博物院

数读盘龙城遗址博物院

占地约**22**万平方米

建筑面积**1.63**万平方米

遗址出土文物**3000**余件

铜斝（jiǎ） 商

湖北省博物馆藏

商代遗址盘龙城

大铜钺（yuè） 商

盘龙城遗址博物院是武汉市唯一的一座考古类遗址博物馆，盘龙城遗址就是这座博物馆最大的看点。新馆内总共有三个展厅，分别是"浪淘千古""故邑风物""角立南土"。

第一展厅"浪淘千古"向观众解读盘龙城为什么被称之为"武汉城市之根"。

第二展厅"故邑风物"按照时间脉络讲述了盘龙城遗址的变迁，展厅中展出的青铜器较多，从多个方面展示了盘龙城的"长江流域青铜文明中心"这一定位。

第三展厅"角立南土"介绍了盘龙城所在历史时期的大背景。

盘龙城遗址位于武汉市黄陂区，是距今约3500年的商代前期古城遗址，不仅揭示了商文化在长江流域的传播与分布，更为我们了解古代城市的起源、形成与发展提供了宝贵的实物资料。

这座保存较为完整的商代古城遗址，规模宏大，布局严谨，内城总面积约7.54万平方米，平面形状略呈方形，由宫城、李家嘴、杨家湾、杨家嘴、楼子湾以及小嘴等组成遗址群。

遗址区内有宫城遗址、贵族墓群和手工作坊遗址等，出土了许多精美文物。这些文物无论是造型还是纹饰，都带有鲜明的中原商文化特征，具有极高的历史、科学和艺术价值。其中，出土的青铜鼎、青铜簋等礼器，不仅形体硕大，而且纹饰繁复，展现了殷商时期武汉地区的繁荣与强盛。

唐诗宋词说武汉
唐宋时期的武汉

作为长江中游的重要城市，武汉早在唐宋时期就以其独特的地理位置和丰富的自然资源著称于世，更因其在历史文化上的深厚积淀吸引着无数文人墨客前来"打卡"。唐宋时期知名的文人骚客几乎都曾游历武汉，并留下了无数传世墨宝。通过这些诗词，我们可以更好地理解武汉的历史文化，感受这座城市的独特魅力。

人间烟火的繁华画卷

武汉曾是楚国的领土，所以楚文化对武汉产生了深远的影响。唐宋时期，武汉不仅是交通枢纽，也是商业繁荣、文化交融的缩影，展示了当时丰富多彩的社会生活。

唐代的武汉虽然不及长安、洛阳等城市繁华，但也是长江中游的重要城市。武汉作为长江流域的商贸重镇，凭借长江的航运之利，成为物资和人口汇聚的繁华之地。同时，武汉独特的地理环境、便利的交通条件和众多的风景名胜也吸引了那个时代中国顶级的文人墨客汇聚于此，带来了多元的文化和思想。诗人们在这里吟诗作对，留下了许多脍炙人口的诗篇。

龙形玉佩 唐
武汉博物馆藏

研学地点
黄鹤楼，晴川阁

研学关键词
唐宋诗词中的武汉

研学目标
了解唐宋时期的武汉历史

研学思考
武汉为何能成为唐宋时期诗人交往和互动的地方？

唐代武汉：双城格局的繁荣

唐代武汉以武昌（鄂州）与汉阳（沔州）的"双城格局"闻名。武昌作为鄂州州治，依托蛇山的险要地势延续了三国以来的军事地位，逐渐发展为长江中游的政治中心；汉阳则在隋大业二年（606）改汉津县为汉阳县并升为沔州州治，在唐高祖武德四年（621）于龟山南麓筑城，成为南北商贸枢纽。两城隔江相望，通过密集的舟船往来形成经济互补：武昌以官衙、贡赋转运为重心，汉阳则以鹦鹉洲为核心的港口商业著称。

鹦鹉洲前户万家

古鹦鹉洲作为长江中最大的沙洲之一，洲上架设木栈供商船停泊，每日停泊商船可达千艘。唐代诗人鱼玄机以"鹦鹉洲前户万家"描述其沿岸民居繁盛之景，而洲北的"南浦"更是长江中游最大的泊船区，川蜀、荆襄、江淮的货物在此集散。来自长江上游的木材、茶叶与下游的瓷器、丝绸在此交汇，是当时繁华的集贸市场。

鹦鹉洲不仅是商贸中心，也是唐代文人墨客的精神地标。崔颢《黄鹤楼》中"芳草萋萋鹦鹉洲"将自然景观升华为文化意象，李白更以"鹦鹉西飞陇山去，方洲之树何青青"来抒发羁旅情怀。据统计，唐代崔颢、李白、孟浩然、刘禹锡等著名诗人都写过与鹦鹉洲相关的诗作，其文学影响力甚至超越黄鹤楼。洲上还建有鹦鹉寺、岩头寺等宗教场所，香火鼎盛，为民众祈福之地；而祢衡（东汉辞赋家、名士）墓与《鹦鹉赋》的传说，则为鹦鹉洲增添了历史厚重感。

"诗仙"笔下的江城印象

武汉又名"江城"，这一名字的由来，与李白有着密不可分的关系。在《与史郎中钦听黄鹤楼上吹笛》中，李白写下"江城五月落梅花"一句，首次用"江城"指代武汉，随着这首诗的广泛流传，这一别称也流传开来，成为武汉的代名词。

开元十五年（727），27岁的李白来到距离武汉不远的安陆，在好友孟浩然的介绍下，李白与唐高宗时期的宰相许圉师的孙女许氏结婚，并定居于安陆。客居安陆期间，李白时常出游武汉，并在这里创作出了诸多传世佳作，如《江上吟》《黄鹤楼送孟浩然之广陵》等。

宋代武汉：货到南市活

宋代是中国历史上一个经济文化高度繁荣的时期，而武汉作为长江中游的重要城市，在宋代也展现出了独特的商业活力。武汉因其优越的地理位置，成为当时南北物资交流的重要枢纽，被誉为"货到南市活"，即货物一旦到达武汉的南市，便能迅速流通、交易，焕发出新的生命力。

1957 年，武汉长江大桥建成通车后，汉阳门所在地建了一个小花园，名为汉阳门花园，承载着一代武汉人的记忆。

汉阳树

"南市"在哪里？

"南浦"位于鄂州城（今武昌）西南面的长江岸边，自南北朝时期起，这里就是船舶往来的停泊之地，从黄鹤楼向南延伸至鹦鹉洲尾（今汉阳门一代）附近，绵延数里。

南宋词人范成大在《吴船录》中详细记载了当时武汉地区的商业繁盛景象，特别是对南宋鄂州最重要的商贸集聚地"南浦"进行了专门描述。为了满足商船的需求，"南浦"一带逐渐兴起了繁荣的商业、服务业和娱乐业，形成了著名的"南市"。正如范成大在《吴船录》中所描述的那样："（武昌）南市在城外，沿江数万家，廛（街道里巷）陌甚盛，列肆如栉。"这里的"列肆如栉"，便是对南市商贸繁荣最生动的写照。

研学新知

火巷的诞生

宋淳熙十三年（1186），在鄂州（今武昌）南市发生了一场严重的火灾，损失惨重。刚到任的鄂州知府赵善俊为了避免类似的事故再次发生，便下令在民居中间建设两侧带有排水沟的短巷子，即火巷。火巷宽且笔直，有效地防止了火灾蔓延，后流传到各地，现在扬州的个园中还能看到保留完整的火巷。

唐宋文人笔下的武汉

武汉湖泊纵横，风光秀美，不少诗人都将这美景写入诗作。据不完全统计，以荆楚地区为主题创作的唐诗达2000余首。

黄鹤楼中吹玉笛，
江城五月落梅花。
——〔唐〕李白《与史郎中钦听黄鹤楼上吹笛》

秋虹映晚日，
江鹤弄晴烟。
——〔唐〕宋之问《汉江宴别》

楚塞三湘接，
荆门九派通。
——〔唐〕王维《汉江临泛》

大江横抱武昌斜，
鹦鹉洲前户万家。
——〔唐〕鱼玄机《江行》

武昌十万家，
落日紫烟低。
——〔宋〕姜夔《春日书怀四首》（其一）

四顾山光接水光，
凭栏十里芰荷香。
——〔宋〕黄庭坚《鄂州南楼书事》

岳飞 与 武昌

黄鹤楼景区内的岳飞铜像

岳飞披戴盔甲，手持书卷，英姿飒爽，仿佛在守护着这片他曾经为之战斗过的土地。

岳飞，这位南宋时期的抗金英雄，曾在武昌度过了七载光阴，这是他人生中最后的七年，也是他一生中最为辉煌的七年。武昌，作为岳飞抗击金军的前线指挥中心，不仅见证了岳飞的辉煌战绩，还承载了他深沉的家国情怀。

初抵武昌：北伐的起点

武昌，古称鄂州，是岳家军的大本营。南宋绍兴三年（1133），南宋的襄阳六郡被攻陷。岳飞接连上书，奏请收复襄阳六郡。次年，岳飞率领岳家军，从江州（今江西省南昌市）出发，仅用两个多月时间，便收复了襄阳六郡，获封武昌郡开国侯。

岳飞在武昌驻扎期间，不仅整顿防务，还积极推行营田计划，发展农业生产，为后续的军事行动积攒实力。驻扎在武昌时，岳飞登上黄鹤楼写下《满江红·登黄鹤楼有感》："却归来、再续汉阳游，骑黄鹤。"

在这样的信念驱使下，岳飞从武昌出发，多次北伐，所到之处，势如破竹，收复了大片失地，沉重地打击了金军，成就了自己军事生涯中的高光时刻。

马沧湖原意为"马场湖"，是岳飞放养战马与训练骑兵之地。在马沧湖东边的翠微峰、翠微路，得名也是源于岳飞的诗句"经年尘土满征衣，特特寻芳上翠微"。

七年岁月：丰富的精神文化遗产

在武汉，至少有十七个地名和遗迹与岳飞有关。岳飞在武昌的七年，不仅留下了辉煌的战绩，还留下了丰富的精神文化遗产。

据相关史籍推断，武汉的粮道街马蹄营、岳家嘴、忠孝门路、汉阳的冰塘角、郭茨口、马沧湖、马沧湖、翠微古井、报国巷等地都和岳飞都有一定可信度的关联。这些地名和遗迹，见证了岳飞在武汉的足迹，也承载了武汉民众对岳飞的怀念。

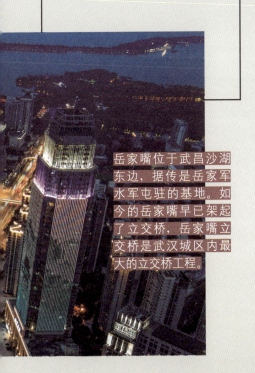

岳家嘴位于武昌沙湖东边，据传是岳家军水军屯驻的基地。如今的岳家嘴早已架起了立交桥。岳家嘴立交桥是武汉城区内最大的立交桥工程。

不忘英烈：民众对岳飞的纪念

黄鹤楼公园内的武穆遗像亭

岳飞虽然已经去世近千年，但武昌民众对其的怀念和敬仰之情从未减退，他精忠报国的精神仍然在这片土地上流传。岳飞被害21年之后，宋孝宗为岳飞平反，南宋乾道六年（1170）下诏在武昌修建了"忠烈庙"。这是中国第一座岳王庙，位居中国四大岳庙之首。

后来岳飞被追封为"宋岳鄂王"，忠烈庙改名为鄂王庙，庙旁移植有岳飞生前栽植的松柏，被称为岳柏、岳松。虽然南宋灭亡后，鄂王庙屡次被损毁，但武汉民众对岳飞的纪念从未停止。

1993年，武汉民众在黄鹤楼公园内修建了一座岳飞广场，里面有一座高达8米的岳飞铜像，以及岳飞亭、岳飞功德坊等纪念设施。每当人们走过这些纪念岳飞的地方，无不对这位民族英雄肃然起敬。

工业都会的崛起之路
武汉汉阳铁厂

武汉是近代中国工业化的典范，早在20世纪初就已经奠定了坚实的经济基础。晚清中兴四大名臣之一的张之洞在武汉发起洋务运动，这一举动不仅使得武汉在晚清时期开始崭露头角，逐渐崛起为中国的工业重镇，也促进了中国工业化的进程，对中国近代史产生了深远的影响。

武汉紫阳公园内的张之洞塑像

張之洞
一八三七 ～ 一九零九

汉阳铁厂的大门

研学地点
张之洞路，武汉硚口民族工业博物馆

研学关键词
洋务运动，现代化工业

研学目标
了解武汉现代化工业发展历程

课堂链接
历史教材八年级上册：洋务运动和边疆危机

研学思考
汉阳铁厂没能盈利的原因有哪些？

张之洞其人

清朝末年，山河破碎，风雨飘摇，日益深重的内外矛盾和统治危机，使得清朝政府当中的有识之士开始重视向西方学习先进技术的重要性，开启了大规模的洋务运动。

1881年，44岁的张之洞一夜之间连升四级，由从四品的翰林院侍讲学士升为从二品的内阁学士、礼部侍郎。同年，张之洞被任命为山西巡抚。

1889年，张之洞调任湖广总督，以湖北为根据地开启了洋务运动。他深知要富国强兵，必须发展工业。他修铁路、办工厂，在湖北修建了众多工厂和基础设施，通过引进西方技术和设备，提升国家的经济和军事实力。其中最具影响力的便是汉阳铁厂。

教材节选
从19世纪70年代起，洋务派又提出"求富"的主张，开办一些近代民用企业，以辅助军事工业。其中比较重要的有轮船招商局、开平煤矿、汉阳铁厂、湖北织布局等。

——《洋务运动和边疆危机》

汉阳铁厂的昔日辉煌

汉阳铁厂是我国第一家近代钢铁联合企业，于1890年由张之洞主持在湖北武汉市汉阳区动工兴建，1893年建成投产，是中国近代最早的官办钢铁企业。铁厂创办初期，张之洞从英国、德国和比利时引进了先进的钢铁冶炼设备和技术，旨在通过自主生产钢铁来满足国内需求，减少对外部钢铁的依赖，进而推动国家现代化进程。

研学新知

"武汉城市之父" 张之洞

张之洞担任湖广总督期间，通过一系列创新的举措，推动了武汉在工业、教育和基础设施建设等方面的飞速发展。除了兴办汉阳铁厂之外，张之洞还主张建立了汉阳兵工厂、湖北枪炮厂等一系列工厂。同时，他积极推动京汉铁路（原卢汉铁路）的修建，使武汉成为重要的交通枢纽。此外，张之洞还高度重视教育的发展。由他创办的自强学堂，不仅是武汉大学的前身，更是中国近代新式教育的起点之一。

汉阳铁厂旧址

汉阳铁厂是当时亚洲第一家大型近代钢铁联合企业，比日本第一家近代钢铁联合企业八幡制铁所还早7年。

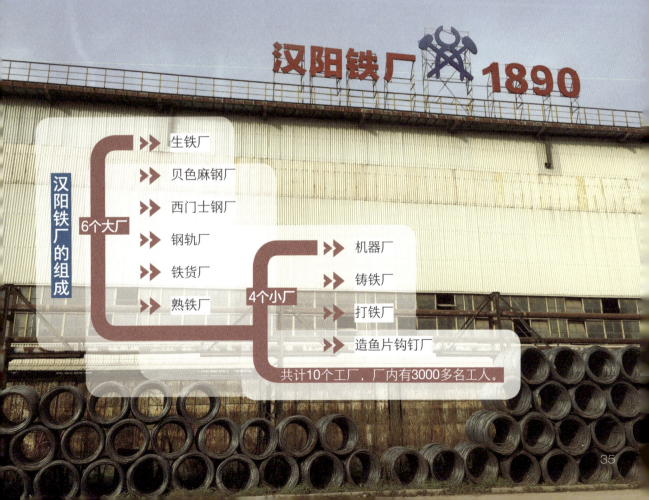

汉阳铁厂的组成

6个大厂
- 生铁厂
- 贝色麻钢厂
- 西门士钢厂
- 钢轨厂
- 铁货厂
- 熟铁厂

4个小厂
- 机器厂
- 铸铁厂
- 打铁厂
- 造鱼片钩钉厂

共计10个工厂，厂内有3000多名工人。

1890 年
湖北铁政局 ▶ 位于汉阳龟山下

1891 年
湖北织布官局 ▶ 位于武昌文昌门

1893 年
银元局 ▶ 位于武昌三佛阁街

1894 年
湖北缫丝局 ▶ 位于武昌
望山门外

1895 年
湖北枪炮局 ▶ 位于汉阳
龟山北麓

1898 年
湖北制麻局 ▶ 位于武昌平湖门外
湖北纺纱官局 ▶ 位于武昌文昌门

1902 年
铜币局 ▶ 位于武昌
三佛阁街

1903 年
武汉制革厂 ▶ 位于
武昌南湖

1907 年
模范大工厂 ▶ 位于武昌兰陵街
白沙洲造纸厂 ▶ 位于武昌白沙洲
贫民大工厂 ▶ 位于汉口长堤街

1908 年
湖北毡呢厂 ▶ 位于武昌下新河
湖北官砖厂 ▶ 位于汉阳赫山
湖北针钉厂 ▶ 位于汉阳临湘河
钢药厂 ▶ 位于武汉赫山
既济水电公司 ▶ 位于汉口

清代日本邮政发行的"汉阳铁厂"明信片

汉阳铁厂的发展

　　汉阳铁厂的发展道路并非一帆风顺。创办经费从最初的246万余两白银到最终的实际支出784万余两，资金短缺一直是困扰铁厂发展的难题。再加上经营不善、原料运输困难、管理混乱等问题，汉阳铁厂不断亏损，在20世纪初逐渐陷入困境。

　　甲午中日战争后，清政府把汉阳铁厂由官办改为官督商办，引入商业资本，并通过技术改造和设备升级，逐步解决了生产问题。至辛亥革命前，汉阳铁厂已经发展成为拥有3座炼铁炉、6座炼钢炉，年产生铁约8万吨、钢近4万吨、钢轨2万余吨的大型钢铁企业。

近代中国工业的重要发祥地

汉阳铁厂对于其他工厂的示范效应是巨大的。武汉在1890年后陆续兴建了包括汉阳铁厂在内的多个近代民族工业，这些企业占了当时全国新建官办与官商合办企业的24%，其中由张之洞创办的有17家。当时武汉的冶炼、造纸等工业居全国之首，纺织工业仅次于上海，城市供用电也一直处于全国城市的较高水平。

以轻养重的工业规划

张之洞曾计划以制纱、制布等轻工业的盈利来协济铁厂，再用由铁厂练成的钢来制造大炮、铁轨等重工业产物，促进当时的国家发展。这些工厂的创办促进了武汉地区的人才培养和技术进步。张之洞通过创办学堂和派遣学生出国留学等方式，培养了大量具有现代科学知识和技术能力的专业人才，为汉阳铁厂的发展提供了坚实的人才支持，也为武汉乃至整个中国的工业化进程输送了宝贵的人才资源。

官办工业的管理模式

晚清时期的官办工业基本采取的是封建衙门的管理形式，张之洞设置了湖北铁政局和湖北枪炮局对官办工厂进行直接领导，主要负责管理机构设置、要员任命、建设资金筹集等业务。工厂由政府官员采用行政方式管理，只管执行命令和组织生产建设，不管盈亏，其制造出的产品由官府分配，工厂领导人享受官员待遇。

汉阳铁厂保留下来的烟囱

到19世纪末20世纪初，武汉曾一度超过天津，发展成为仅次于上海的全国第二大工业城市，被誉为『东方芝加哥』。

近代赛马之都
武汉赛马百年风云

武汉东方马城国际赛马场

研学地点
东方马城

研学关键词
赛马之都，武汉三大跑马场

研学目标
了解武汉赛马文化

研学思考
现在的赛马运动与旧时的赛马有什么区别？

提到赛马，有人会想到香港人声鼎沸的香港赛马场，却少有人知道，武汉曾也是著名的"赛马之都"。在中华人民共和国成立前，有"跑马场"的城市只有两座，一座是老上海，另一座则是武汉，同时拥有"西商""华商""万国"三家跑马场，居全国之冠。

武汉跑马历史

武汉的跑马史可追溯到20世纪初叶。第二次鸦片战争结束后，汉口作为通商口岸，吸引了众多外国商人前来投资兴业。

1905年，英国人在汉口东北郊购买了800余亩荒地，兴建了西商跑马场。随后，华人商人也不甘落后，投资修建了华商跑马场和万国跑马场，形成了三足鼎立的局面。武汉因此成为当时全国赛马场地数量最多的城市。

1926年至1935年间，由于西商、华商、万国三个跑马场经常同时开赛，成就了汉口赛马最疯狂的时期，武汉也因此被誉为"赛马之都"。在那个动荡的时代背景下，赛马不仅是一项体育竞技，还是一种社交活动。但好景不长，1938年后赛马场因战乱被迫歇业，赛马活动日趋冷落。1949年后，三座跑马场先后关闭，结束了其历史使命。

研学新知

中国最早的体育建筑类型——跑马场

跑马场是中国近代出现最早且影响最大的体育建筑类型，中国的第一座跑马场位于上海，是英国商人霍格于1850年建造的，现如今是上海的人民公园和人民广场。之后天津、青岛、汉口等地也出现了跑马场，以这些城市作为起点，跑马场渐渐传入北京等内陆城市。

三大跑马场

西商跑马场

1902年前后，英国人兴建了西商跑马场，位于现在武汉歌剧院和解放公园附近。按照当年的土地价格计算，购地费高达48万银元。西商跑马场是汉口最早的近代大型体育设施，也是当时武汉赛马运动的中心，由英国人倡议，法、德、俄商人参与。

华商跑马场

由于西商跑马场对中国人区别对待，1906年，汉口的地皮大王刘歆生联合华人商人合资集股兴建起"汉口华商赛马公会"，通称华商跑马场。其建筑设施与组织系统与西商跑马场十分类似。其与西商跑马场最大的不同之处是不收门票，不分中国人与外国人，来到这儿的人一律平等。

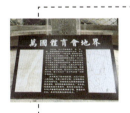

万国跑马场

1926年，武汉商人王植夫等4人集资合股，在今唐家墩至姑嫂树一带，建起一个号称中西合作的"万国体育运动会"，通称万国跑马场。武汉现在有一条街道名为马场角路，正是曾经万国跑马场的一角。由于万国跑马场远离汉口闹市区，经营不及西商、华商两家红火。

少年研学体验官：马术体验

1. 骑乘上马

站上马凳，手抓缰绳，右手扶脚镫，左脚踩镫，右手抓后鞍桥，右脚借力跨上。坐稳后，右脚踩稳脚镫。

2. 调整坐姿

坐在马背上，耳朵、肩膀和脚后跟要形成一条垂直线，脚后跟自然下垂。

3. 控制马匹

两腿小腿同时向里夹紧，马就会给向前，收短缰绳可以让马停下。

头盔　马　鞍具　骑士服　马裤　马鞭　马靴　手套

铭记历史

武汉租界

在中国近代史上，租界是不平等条约的产物。内陆城市中，武汉是仅次于天津的租界最多的城市。曾有6个国家在汉口设立租界，它们沿江而设，由外国政府直接管理，形成了一个相对独立的"国中之国"。

汉口设立最早的租界——英租界

位于原汉口英租界内的俄国东正教堂，是我国南方唯一的拜占庭式教堂建筑。

1858年6月26日，清政府被迫同英国签订中英《天津条约》，成为英国在汉口设立租界的主要借口。

1861年3月21日，英国与清政府订立《汉口租界条款》，汉口的第一块外国租界地开始设立。

直至1927年汉口"一·三"惨案爆发，英国与国民政府进行了16次谈判，签订了汉口口案协定，才将汉口英租界正式收回。

妥协归还的租界——俄租界

汉口俄租界是沙俄在中国设立的第一个租界。

1896年，沙俄与法国因干涉日本归还辽东半岛事件要求在汉口设租界。6月，俄国领事与江汉关监督签订租界条款，占地27.6万平方米，后又扩充4.1万平方米。

俄国十月革命后，北洋政府令停待俄领。1924年，中俄签订协定，苏联放弃租界特权。1925年3月，中国政府正式接收汉口俄租界。从设立至收回，俄租界历时29年。

巴公房子位于原俄租界内，主人是"大巴公"（J·K·巴诺夫）和"小巴公"（齐诺·巴诺夫）兄弟俩，该房子于1910年建成。

汉口面积最小的租界——法租界

第二次鸦片战争后，法国取得了与英国在华相似的特权。甲午战争后，法国以迫使日本归还辽东半岛有功为由，要求清政府给予其与德、俄同等租地待遇。

1896年6月2日，中法双方在汉口签订《汉口租界租约》，法租界占地12.5万平方米。

1902年，法租界拓展至23.8万平方米。1945年抗日战争胜利后，法租界被正式收回，其存在历史共49年。

大智门火车站又名京汉火车站，建于清光绪二十九年（1903），为法式建筑风格，位于原法租界内。

汉口收回最早的租界——德租界

收回艰难的租界——日租界

甲午战争后，中日签订的《马关条约》开放苏州、杭州等4个口岸给日本，但日本仍不满足，要求增辟天津等通商处租界，并强迫清政府签订《通商口岸日本租界专条》。

1898年，日本与清政府签订《汉口日本专管租界条款》，划定汉口日租界区域16.5万平方米。1907年，租界面积增至41.5万平方米。1937年卢沟桥事变后，日本侨民撤侨。1938年，国民政府收回日租界。同年，日军攻入武汉，日租界重新恢复，直至1945年抗战胜利后才被正式收回。

1861年，清政府与德国在天津签订《通商条约》，允许德国在中国15个通商口岸设立领事、经商、租地。1895年，德国领事又与湖北官员在汉口订立《汉口租界合同》，并于1898年将德国租界扩展至42.5万平方米。

1917年第一次世界大战期间，北洋政府对德宣战，没收其在华特权。同年3月，北洋政府将汉口德租界改组为第一特别区，组织管理局管理。

汉口德租界自1895年设立至1917年收回，共存续22年，是中国在汉口收回的第一个外国租界。

戏曲唱响荆楚故事
汉剧与楚剧

传承非遗*

从古至今，无数动人的故事在这片荆楚大地上发生。而戏曲作为中国传统文化的重要载体之一，自然也承担起了传承荆楚故事的重任。湖北是汉剧和楚剧的故乡，武汉曾是全国闻名的戏曲码头，拥有广大的戏迷观众群。汉剧与楚剧，作为湖北地区最具代表性的地方戏曲剧种，以其独特的艺术魅力，唱响了无数荆楚故事，彰显了这片热土深厚的文化底蕴。

汉剧：古老声腔的悠扬回响

汉剧这一湖北主要的大型古老剧种，其历史可追溯至约300多年前，旧时也被称为楚调、汉调，直至辛亥革命后的1914年才正式改名为"汉剧"。汉剧声腔是由源于陕西梆子的西皮和来自安徽的二簧结合发展而来的产物。这种皮、簧腔体合作的形式在我国地方剧种中还属首创。汉剧的唱腔可以用华丽、婉转、精致、细腻这四个词来形容。

最细致的行当分类

汉剧行当的分类是中国戏剧中最细致的，有十大行当，即一末、二净、三生、四旦、五丑、六外、七小、八贴、九夫、十杂。

这十个行当从声腔上分类又可以分为四类。第一类是基本上都唱本音的末、丑、夫。第二类是以撕裂发炸的边音为主，辅以本音的净和杂。第三类是以本音为主，真假嗓结合的生、外。第四类是以假嗓为主的旦、小、贴。

当代汉剧表演大师陈伯华铜像

陈伯华是著名的汉剧表演大师，在她70多年的艺术生涯中，她对汉剧进行了改革和创新，所创造的陈派唱腔细腻深沉，自成一派，为发扬汉剧做出了巨大贡献。

研学地点

武汉汉剧博物馆，武汉楚剧院，永芳古戏院

研学关键词

中国传统戏剧，汉剧，楚剧

研学目标

了解汉剧与楚剧

研学思考

传统戏曲怎么做可以吸引更多年轻听众？

"八百出"剧目看花眼

　　汉剧剧目丰富，号称"八百出"，现在尚存六百六十余出，较流行的约三百多出。其中《宇宙锋》《二度梅》《窦娥冤》等经典剧目深受群众喜爱，并先后被摄制成戏曲艺术影片，广为流传。在最辉煌的时候，湖北全省相继成立了二十多个汉剧团。

武汉汉剧院 《宇宙锋》剧照

经典剧目之《宇宙锋》

武汉汉剧院新版的《宇宙锋》既保留了原版的精华，又新增了几场戏，塑造了一个具有高洁品质的烈女赵艳容。

　　《宇宙锋》讲述了秦代权臣赵高陷害女婿匡扶一家，其女赵艳容被迫归家。秦二世胡亥见赵女貌美，欲立为嫔妃。后赵艳容得哑乳娘帮助，装疯蒙蔽赵高和胡亥保全自身的故事。后来陈伯华又将剧本改编，不仅保留了汉剧特色，还表达出了赵女被迫装疯卖傻的悲愤，在装疯的同时又不失贵女的气质，将人物塑造得更加立体。京剧大师梅兰芳也曾出演过京剧版本的《宇宙锋》，同时他也非常喜爱陈伯华的表演，二人曾经一同切磋过戏曲手势。

研学新知

一末带十杂，烧火带引伢

　　这是武汉的一句俗话，与汉剧有很深的渊源。这前半句中的"末"和"杂"就是汉剧的两个行当，意思是如果一个人既演末角，又演杂角就会十分忙碌。而后半句的意思是既要烧火做饭又要带孩子。这句话常常用来形容人能吃苦耐劳，聪明能干。

楚剧：乡土气息的生动演绎

楚剧原名黄孝花鼓戏，还有哦呵腔、西路花鼓戏等旧称，1926年改为楚剧，距今已有150余年的历史。在一百多年的历史发展过程中，楚剧因其内容既贴近生活又紧跟时代发展，表现手法丰富多样且具有很强的包容性，而流传至今。

楚剧将道光年间鄂东流行的哦呵腔与黄陂、孝感一带的山歌、道情、竹马、高跷及民间说唱等融合，形成了独立的地方声腔剧种。

楚剧现存剧目约500个，常演剧目有200多个，剧目基本上由农村生活、民间传说、历史故事演变而来。经典剧目如《秦雪梅吊孝》《银屏公主》《赶斋》《杀狗惊妻》等，以其生动的情节、演员真挚的情感和精湛的表演，赢得了观众的广泛赞誉。

金丝黑蟒袍

20世纪楚剧大师高月楼使用过的全手工制作的金丝黑蟒袍，2006年，楚剧被列入第一批《国家级非物质文化遗产名录》。

孝感云梦县楚剧团

湖北孝感云梦县楚剧团每年演出300多场次，常年送戏下乡，备受当地居民喜爱。

楚剧表演贴近生活，韵白口语化、方言化，剧情通俗易懂，带有浓厚的乡土气息，所以深受湖北当地群众的喜爱。它是目前湖北地区最大的地方剧种，也是湖北地区观众群体最多的剧种之一。

相得益彰的汉剧和楚剧

汉剧与楚剧作为湖北地区最重要的地方戏曲剧种，流行区域高度重叠，均植根于楚文化。它们既有相似之处，又各具特色。

汉剧	楚剧
起源于鄂东武汉一带，有着悠久的历史	起源于黄陂，只有一百多年的历史
唱腔高亢激昂，以历史演义和民间传说为主	通俗易懂、生动活泼、乡土气息浓厚

在长期的发展过程中，汉剧与楚剧相得益彰，最终形成了"楚汉合演"的模式。这种模式从20世纪40年代一直延续至今，成为湖北戏剧界的一种传统。

在晴川阁楚剧遗珍展中展出的楚剧戏服

汉调楚曲的流传与保护

楚天楚地孕育了灿烂辉煌的楚文化，诞生了20多个地方戏曲剧种。在湖北这片热土上，以汉剧与楚剧为首的地方戏曲以独特的艺术魅力，唱响了无数荆楚故事。

与此同时，楚剧和汉剧又都面临着严峻的挑战，包括剧团数量急剧下降、传承链条断裂以致后继乏人、观众基础不断缩小，以及对珍贵资料的保存与老一辈艺人的技艺抢救缺乏资金等诸多困难。

为了保护地方戏曲，武汉市政府于2020年启动了"百戏工程"，整理恢复传统经典剧目20出、传统经典剧目录像40出，《下河东》《翠屏山》等多年不曾演出的剧目再次亮相。

20世纪60年代以来，各地汉剧团急剧减少，目前湖北省境内仅存两个专业汉剧院团。许多剧目和传统技艺正随着老艺人的离世而失传，楚剧也有同样的境况。

铙钹

醒木

扇子

曲艺非遗
说与唱的艺术

提到"说唱"，很多年轻人的第一反应一定是说唱乐，但别忘了，"说唱"也可以理解为"说"和"唱"，是中国传统曲艺中各种说唱艺术的统称，具有道具简单、一人多角、通俗易懂等特点。武汉拥有多个曲艺类国家级非遗代表性项目，这些非遗项目在武汉得到了良好的传承和保护，成为武汉文化的重要名片。

研学地点
湖北剧院，都市茶座曲艺剧场

研学关键词
湖北评书，湖北大鼓，湖北小曲

研学目标
了解武汉说唱曲艺

研学思考
应该如何保护说唱曲艺？

独特的表演形式

一人、一桌、一块醒木，扇子、手帕等道具在手，只说不唱，男女老少皆由一人表演，这便是湖北评书。说书人通过手势、动作、身段、口技等多种手段来营造氛围，风格幽默，畅快淋漓。每到故事高潮之际，说书人便会猛击醒木振奋听众。用武汉方言所讲的评书地域色彩强烈，语言流畅，富有文采，既有韵律节奏明快、音韵和谐的骈体，又有生动有趣的口语，相互映衬，趣味横生。

评书是中国一种传统口头讲说的表演形式，在宋代开始流行。顾名思义，湖北评书就是用湖北方言讲故事，主要流传于武汉、沙市、荆州、宜昌、孝感等地，是湖北地区兴起的一种曲艺形式，有着300多年的传承历史。据记载，明朝将领左良玉兵驻武昌时，就曾招江南大说书家柳敬亭在军中说书。

丰富的书目类别

湖北评书以"打鼓京腔""鄂化"为起点，直到20世纪30年代定型，在发展的过程中书目受到了安徽怀书、四川评话和北方评书等多方影响。最初清同治年间怀书艺人来到汉口演出，《隋唐》《月唐》《永庆升平》等怀书剧目被当时的评书艺人移植为湖北评书上演。后来又有说书艺人向四川评话艺人拜师，北方说唱艺人来湖北表演，让许多书目移植过来，极大地丰富了湖北评书的书目。

湖北评书书目大体可分两大类：

底子书

以演义小说为底本的"底子书"和在其基础上发展加工而成的"雨夹雪"，如《三国》《水浒》《隋唐》《英烈传》《岳飞传》等。

路子书

由艺人自编自演而成，如《王莽忠孝图》《八门斗智》等。

研学新知

一声醒木万人惊

醒木是评书表演中相当重要的一种道具，是一块长约一寸，厚约半寸，有着二十条边线，十个平面的小木块。一般选用硬度较高的木材制作，如乌木、紫檀、红木等。醒木不仅可以集中听众的注意力，还可用于在说书过程中渲染气氛、区分段落。每一位说书人的醒木不是自带的，而是在拜师之后由师父传给徒弟，徒弟当众接过之后才有资格来使用。

湖北鼓书，原称
鼓书、打鼓说书、打鼓
京腔、说善书等，
形成于清代道光年
间，至今已有200余
年历史，是湖北曲艺
瑰宝之一。它融合了
北方说书的诙谐幽默
与南方戏曲的细腻温
婉，南北文化
的兼容并蓄在
湖北大鼓中体
现到了极致。

大鼓书的发展历史

　　湖北大鼓过去由一人自击鼓板演唱，大多都
是上门演唱的形式，后来逐渐变成驻点演唱，加
入了二胡、三弦等乐器伴奏。在流传和发展的过
程中，湖北大鼓出现了北路、南路、南北路三大
派。北路是依然使用北方语音腔调，用钢镰来伴
奏演唱的流派。南路是使用本地语音腔调，将钢
镰换成了云板，使用小鼓而非大鼓演唱的流派。
而南北路则是将南北两派的优势相结合形成的流
派。湖北大鼓短篇多以唱为主，又称唱大鼓；中
篇、长篇则是说唱结合，被称为大鼓书。

书鼓

必不可少的伴奏乐器，鼓面为
羊皮或牛皮制作，本体用鼓钉
固定于鼓框之上。演奏时，说
书人将书鼓放置在特制鼓架
上，用细槌敲击伴奏。

三弦

三弦是中国曲艺中
常见的乐器，有大
三弦与小三弦两种，
大三弦多用于大鼓
伴奏，而小三弦多
用于昆曲。

四平调唱出荆楚故事

　　湖北大鼓以鼓板伴奏，说唱兼长，风趣幽默。其唱
词以七字句、十字句为主，其中也穿插一些五字句。演
唱主腔称为"四平调"，风格平稳朴实，具有鲜明的鄂
东北民间音乐色彩，既能叙事，又能抒情，还可根据表
达需要变化成不同板式、不同情绪的唱腔。

大鼓唱词有讲究

　　湖北大鼓唱词讲究的是一个有上句就得有下句，
上句最后一字必须是仄声，下句最后一字必须是平声。
每句唱词都有分句的格式，如七字句二二三式，十字句
三三四式或三四三式。

二胡

二胡在湖北大鼓、湖
北小曲的表演过程中
贯穿始终，起到"穿
针引线"的作用，同
时在演员演唱时支撑
起演员的唱腔，是重
要的伴奏乐器。

合二为一的小曲

湖北小曲是由汉滩小曲和天沔小曲融合而成。约光绪年间，汉滩小曲艺人与天沔小曲艺人搭班，进入茶馆坐唱，双方在曲目及唱腔曲牌方面相互交流，在长期的实践中逐渐合为一体，形成如今的湖北小曲。

灵活的表演形式

湖北小曲表演时说唱相间，形式自由灵活，可坐唱、站唱、走唱。可一人自拉自唱，也可两人以上坐唱，无动作表演，全凭演唱、演奏吸引观众。表演者边唱边自行伴奏，或拉二胡，或执檀板击节。

湖北小曲传统的演出曲目达300多个，其中有180多个流传至今，演出曲目相当丰富，《抢伞》《西京词》《苏文表借衣》等是其中的代表性作品。

湖北小曲是湖北地方戏曲中传播广、影响最大的丝弦小曲，于2008年被列入第二批《国家级非物质文化遗产名录》，在社会历史、地域文化、民间艺术等方面都具有研究价值。

湖北小曲：韵味悠长的民间乐章

湖北小曲曾与湖北渔鼓、湖北大鼓、湖北道情并称为湖北四大曲种，原称汉滩小曲、汉滩丝弦、外江小曲，是由明清俚歌俗曲演变而来，至今已有300多年的历史。

研学新知

官方认证的武汉说唱团

武汉说唱团坐落于武汉市江岸区胜利街，周边毗邻众多武汉知名地标景点，不少外地游客经过此地，常忍不住拍照上传至网络，配文："原来武汉连说唱都有'官方认证'？"殊不知，此"说唱"非彼"说唱"。

武汉说唱团于1953年建团，是目前湖北省唯一国有专业曲艺表演团体。剧团拥有一系列非物质文化遗产项目，包括湖北评书、湖北大鼓、湖北小曲三项国家级非物质文化遗产代表性项目。每周末，武汉说唱团都会在"都市茶座曲艺剧场"进行曲艺专场演出。

传说里的中华非遗

武汉的传说故事

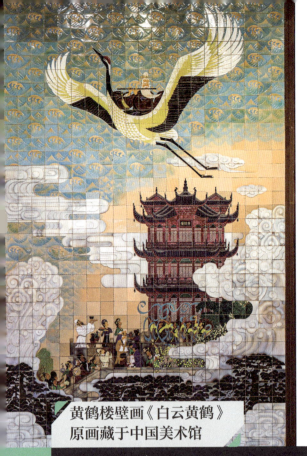

黄鹤楼壁画《白云黄鹤》
原画藏于中国美术馆

壁画描述的是黄鹤楼流传最广的传说：曾有一名道士在辛氏酒家的墙上画了一只会跳舞的黄鹤，酒家生意因此大为兴隆。十年后道士故地重游，用笛声招下黄鹤，乘鹤而去，辛氏为感激仙人的帮助，出资建楼。

研学地点
木兰山景区，黄鹤楼，古琴台，卓刀泉寺

研学关键词
武汉非遗传说，花木兰，高山流水，关羽

研学目标
了解武汉相关的传说故事

课堂链接
语文教材七年级下册：木兰诗

研学思考
你还知道其他武汉的传说故事吗？

武汉是楚文化的重要发祥地，非遗资源十分丰富，历史可以追溯到3000多年前的盘龙城文化。武汉经历了多个朝代的更迭，更孕育了无数动人的传说。这些传说将武汉的历史、文化和风土人情展现得淋漓尽致，不仅丰富了武汉的历史文化底蕴，而且展示了中华文化的博大精深和独特魅力，成为中华非遗的重要组成部分。

黄鹤楼传说

来武汉，黄鹤楼是绕不开的景点。它高踞蛇山之巅，白云环绕，长江从其脚下流过。自盛唐以来，无数文豪名士被黄鹤楼吸引，登楼吟诵，留下了众多咏颂黄鹤楼的瑰丽诗文，为黄鹤楼赢得了"天下江山第一楼"的美誉。

黄鹤楼传说的由来，可以追溯到南北朝时期，成熟于唐宋，鼎盛于元明清。南朝时期，黄鹤楼上成仙的民间传说就已出现在小说和史书里。这些传说富有神话气息，是黄鹤楼文化的重要组成部分。

黄鹤楼传说大体分为神仙传奇、名人轶事、历史故事三类，其基本篇目有数十篇。这些传说不仅丰富了黄鹤楼的文化内涵，还激发了历代诗人的创作灵感，催生了多如珠玑的诗词文赋，推动了中国浪漫主义文学、道教文学的发展进程。

木兰传说

黄陂区地处武汉市北郊，是武汉市面积最大、人口最多的新城区，据说我国古代替父从军的巾帼英雄花木兰的家乡就在这里。"木兰传说"是黄陂最知名的文化名片，包括《木兰出世》《少年木兰》《替父从军》《塞外立功》《辞谢封赏》《回乡团聚》等故事，表现了中华传统文化中的"忠"与"孝"。

据传，花木兰出生于黄陂区姚家集街道的大城潭村，木兰湖是她练箭之地，双龙镇是她出生的地方，木兰山是其凯旋之处，山下至今还建有木兰庙。在黄陂，木兰的传说与当地的自然风光和人文景观紧密相连。为纪念木兰，许多地方都以她的名字命名，如木兰山、木兰天池、木兰草原和木兰云雾山等景点，每一处都承载着木兰的传说和故事，吸引着无数游客前来探寻。

课外 拓展

木兰诗（节选）
问女何所思，
问女何所忆。
女亦无所思，
女亦无所忆。
昨夜见军帖，
可汗大点兵。
军书十二卷，
卷卷有爷名。
阿爷无大儿，
木兰无长兄。
愿为市鞍马，
从此替爷征。

课外 拓展

题木兰庙
〔唐〕杜牧
弯弓征战作男儿，梦里曾经与画眉。
几度思归还把酒，拂云堆上祝明妃。

武汉市黄陂区木兰山

伯牙子期传说

古琴台位于江城武汉龟山脚下、月湖之滨，又名伯牙台，是中国著名的音乐文化古迹，因伯牙子期的传说而闻名，被誉为"天下知音第一台"。

伯牙台，是用汉白玉筑成的石台，相传是当年伯牙鼓琴的地方。

伯牙子期的故事流传千载，早在战国时期的《列子》中就有记载。伯牙善鼓琴，锺子期善听，无论伯牙意在高山还是流水，子期都能准确领悟其心境，两人因此成为知音。子期死后，伯牙悲恸欲绝，破琴绝弦，终身不复鼓琴，认为世上再无知音。

后人感其情谊深厚，特在伯牙绝弦之处筑台以纪念，这便是古琴台。伯牙和锺子期之间这个流传千古的知音传说，不仅表达了人类对深度的精神文化交流的向往，还形成了独特的知音文化，明代的小说家冯梦龙还根据这个传说，创作了《俞伯牙摔琴谢知音》。这个故事不断被后人改编，流传至今。

古琴台内的石雕《琴台知音》

卓刀泉传说

卓刀泉寺位于武汉市洪山区，它不仅见证了历史的沧桑，还因关羽的传说而名扬四海。

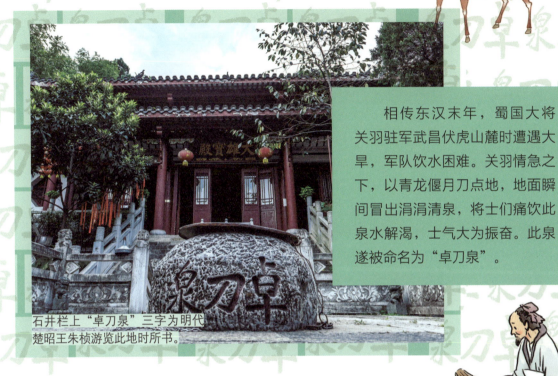

石井栏上"卓刀泉"三字为明代楚昭王朱桢游览此地时所书。

相传东汉末年，蜀国大将关羽驻军武昌伏虎山麓时遭遇大旱，军队饮水困难。关羽情急之下，以青龙偃月刀点地，地面瞬间冒出涓涓清泉，将士们痛饮此泉水解渴，士气大为振奋。此泉遂被命名为"卓刀泉"。

据史料记载，卓刀泉寺中历经1800多年的古井为三国时期所立。卓刀泉寺因泉而得名，自宋以来先后更名为御泉寺、玉泉寺等。寺庙历经沧桑，屡建屡毁，但如今已恢复重建，并与周边的山、陵、园连为一体，成为独具特色的旅游景点，现为武汉市的市级文物保护单位。

走进卓刀泉寺，华中地区最大的关公青铜神像静静地伫立在寺内，早晚报时的钟鼓声与诵经声交织，令人胸襟开阔、心灵宁静。

研学新知

传说故事衍生的成语

扑朔迷离：源自《木兰诗》，"雄兔脚扑朔，雌兔眼迷离；双兔傍地走，安能辨我是雄雌？"形容事情错综复杂，难以辨别。

高山流水：源自《吕氏春秋·本味》，"伯牙鼓琴，锺子期听之。方鼓琴而志在太山，锺子期曰：'善哉乎鼓琴，巍巍乎若太山。'少选之间而志在流水，锺子期又曰：'善哉乎鼓琴，汤汤乎若流水……'"指知音难觅或乐曲高妙。

针线中的荆楚传奇
武汉的汉绣

汉绣，始于汉，兴于唐而盛于清，主要盛行于荆州、沙市、荆门、武汉、洪湖等地，被称作"荆楚艺术瑰宝，针尖上的传奇"。作为我国特色传统刺绣工艺，汉绣是中国十大名绣之一，一度与苏绣、湘绣、粤绣、蜀绣等齐名，蜚声海内外。

汉绣的起源与发展

汉绣的起源有多种说法，一种认为在秦汉时期已有刺绣，另一种则说是从楚绣发展而来的。无论是哪种说法，都无法否认汉绣在中国刺绣艺术中的重要地位。据《史记》记载，楚国当时与齐国、鲁国等多国结盟，为表友好与诚意，曾在其都城郢（今湖北江陵）附近绣制了"连枝线"和"盘金绣带"赠予友国，这一历史记载进一步证明了汉绣与楚文化的深厚联系。

研学地点
武汉汉绣博物馆

研学关键词
汉绣的起源，汉绣的特点

研学目标
了解汉绣的魅力

研学思考
汉绣应该如何传承与发展？

"翡翠珠被，烂齐光些。蒻阿拂壁，罗帐张些。纂组绮缟，结琦璜些。"

屈原曾在《楚辞》里这样描绘楚宫中的丝织品。

战国时期

楚国的刺绣品大放异彩，远销至西伯利亚。江陵马山砖厂一号楚墓出土的绣品与近代汉绣针法极为相似，更证明了汉绣与楚文化千丝万缕的联系。

公元前 476 年至公元前 221 年

战国时期

三国时期

　　传说三国时期，东吴的大乔与小乔发动当地妇女手工刺绣战旗、龙凤旗、标志旗，因此有了"绣旗如林"之说，让汉绣平添了一抹军事色彩。从此，汉绣经长江水域流传至武汉。

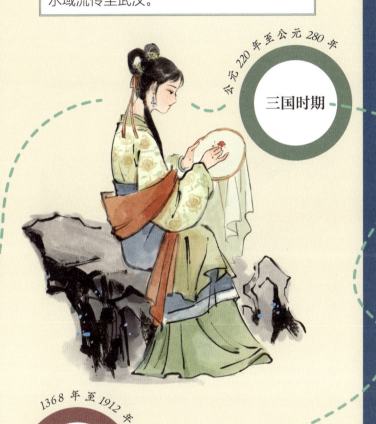

公元 220 年至公元 280 年

三国时期

1368 年至 1912 年

明清时期

明清时期

　　明清时期，汉绣的发展达到了鼎盛。据《湖北民俗志》的记载描述："明清之际，楚地上至官贾，下至名妓优伶，多有喜用汉绣为服者。"在清咸丰年间，汉口还专门设立了织绣局，汇聚了来自四面八方的绣娘，绣制官府服饰及各式精致的装饰品。

　　汉绣的用针采用一套铺、平、织、间、压、缆、掺、盘、套、垫、扣的针法，以"平金夹绣"为主要表现形式，分层破色、层次分明，对比强烈。

　　制作汉绣要准备的工具有：绣绷（卷绷）、绣布、不同颜色的绣线、针、笔、剪刀等。

　　1.准备好绣花图样，将图案拓印到绣布上。

　　2.将绣布固定在绣绷上，确保经纬线垂直平整，绷面紧实。

固定好绣布的绣绷

　　3.起绣，从图案外围开始，逐步向内填充，遵循边缘整齐原则。

　　4.根据图案各个部分选择合适的针法将图案填满。

　　5.修剪线头，检查绣面是否平整。

汉绣的艺术特色

作为古楚之地的武汉，为汉绣的发展提供了特殊的地理环境和文化土壤，因而汉绣极具楚韵遗风。汉绣以楚绣为基础，融汇南北绣法之长，糅合出具有鲜明湖北地域特色的新绣法。汉绣强调"花无正果，热闹为先"的美学思想，通过层层施色叠加出画面丰富的层次感，繁而不乱又井然有序。

绣品图案追求充实丰满、富丽堂皇的热闹气氛，讲究分层破色的层次感和立体感。绣品可以枝上生花、花上生叶、叶上还可出枝，光彩夺目，美不胜收，充分展示了汉绣的独特魅力。

汉绣于 2008 年被列入第二批《国家级非物质文化遗产名录》，编号Ⅶ-75。

图中花与叶子的蓝色与绿色为邻近色，与底色红色为对比色。

在色彩运用上，汉绣善于运用对比色和邻近色，色彩对比强烈、浓丽明快，通过巧妙搭配，对比强烈而不刺眼，营造出一种既鲜艳夺目又和谐统一的视觉效果。

汉绣题材丰富，一般以吉祥喜庆为主题，大致分为神话传说和花草虫鱼两大类。无论是龙凤呈祥、麒麟献瑞的传统吉祥图案，还是山水花鸟、人物故事的生动描绘，汉绣都能以其精湛的技艺，将这些元素完美呈现。

汉绣的传承与价值

汉绣蜚声海内外。早在1910年，汉绣就一举荣获南洋赛会的金奖。1959年，为欢庆建国十周年，体现荆楚民俗的汉绣大型壁挂绣品"三棒鼓舞"和"闹莲湘"被选送到北京，陈列于人民大会堂湖北厅。

工业化生产带来的冲击，机器绣品以其高效低成本占据了市场主导地位。传承人老龄化，年轻一代对传统文化的兴趣减弱，导致技艺传承出现断层。在这些因素的共同作用下，汉绣的生存空间被不断挤压……

为了保护与复兴汉绣，武汉也一直在努力。目前，汉绣项目有各级代表性传承人22人，全市共有汉绣从业人员2000余人。武汉成立了汉绣博物馆、汉绣发展研究中心等机构，让多位汉绣大师有了工作室和展示窗口。武汉大学、武汉纺织大学、武汉商学院等高校为学生开设了汉绣课程……在传承人和社会各界的努力下，汉绣不仅续写着针尖艺术上的辉煌传奇，还焕发出了前所未有的勃勃生机与活力。

研学新知

中国的"四大名绣"

刺绣是中国的古老手工技艺之一，已有千年历史，其中江苏省的苏绣，四川省的蜀绣，广东省的粤绣和湖南省的湘绣，它们历史悠久，各具特色，合称为中国"四大名绣"。

苏绣以精致、雅洁著称，色彩典雅，绣工精细；蜀绣的针法是最丰富的，以软缎和彩丝为主要原料；粤绣善用金线和绒线，地域特色强烈；而湘绣色彩鲜明，绣品极其精巧且富有真实感。

苏绣

湘绣

蜀绣

粤绣

PART 04
第四站

博物武汉 *

探寻荆楚文明之光
湖北省博物馆

湖北省博物馆，是一座在武汉众多博物馆中颇值得一看的文化艺术殿堂。馆内越王勾践剑寒光依旧，曾侯乙编钟气势恢宏，每一件馆藏文物都诉说着荆楚大地的悠久历史。漫步其间，如同穿越时空，值得每个热爱历史文化的人前来一探究竟。

从科学馆到博物馆的蜕变

湖北省博物馆坐落于东湖之滨，是荆楚文化的渊薮殿堂，是中央与地方共建的国家级重点博物馆之一。馆藏的文物涵盖了从远古时期到近现代各个历史阶段，尤其是商周青铜器、战国秦汉漆木器、秦汉简牍、先秦及明代藩王墓出土的金玉器等，体系完整、数量丰富、质量精湛，地域特色鲜明，在国内外享有盛誉。

如今，湖北省博物馆已成为全国乃至全球知名的现代化博物馆之一。全馆共有15个基本陈列与5个临展厅，分为东西南北四个展馆，南馆以专题展为主、北馆以通史展为主、东馆为少儿展、西馆为现代艺术展。博物馆藏有大量精美的国家一级文物，全方面展示着荆楚文明的辉煌与繁荣。

研学地点
湖北省博物馆

研学关键词
青铜器，越王勾践剑，曾侯乙编钟

研学目标
了解湖北青铜器历史，了解湖北省博物馆四大镇馆之宝

课堂链接
历史教材七年级上册：夏商周时期的科技与文化

研学思考
哪件文物给你留下了最深刻的印象？

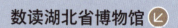

数读湖北省博物馆

建筑总面积达 **12.5** 万平方米

展览面积 **3.8** 万平方米

现有藏品 **46** 万余件（套）

国家一级文物 **1095** 件（套）

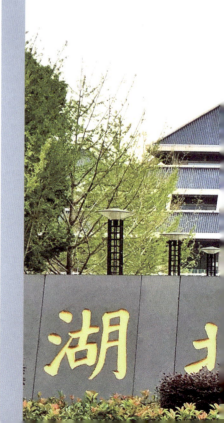

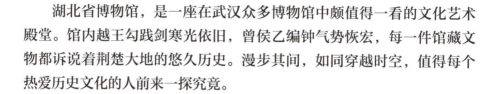

荆楚文化与科技交融的新馆

　　湖北省博物馆新馆建筑总面积6.4万平方米，主体建筑文物展览大楼俯瞰为"鼎"字造型，墙体采用了玻璃幕墙和夔龙纹浮雕造型，将传统文化与现代建筑相结合。

　　馆内有"楚国八百年""曾侯乙""曾世家——考古揭秘的曾国""越王勾践剑特展""梁庄王珍藏""八音和鸣——音乐文物展"六项常设专题陈列，集中呈现了湖北近些年来考古学术研究的新成果。

1928年
湖北省立公共科学实验馆成立。

1953年
湖北省博物馆筹备处成立。

1963年
定名湖北省博物馆。

1989年
湖北省文物考古研究所从湖北省博物馆分出。

2002年
湖北省博物馆、湖北省文物考古研究所合署办公。

2023年
湖北省文物交流信息中心、省工艺美术研究所整体并入湖北省博物馆。

新馆

省博物馆

镇馆之宝

在湖北省博物馆的46万余件（套）藏品中，不少是稀有珍品和重要的科学资料，其中越王勾践剑、曾侯乙编钟和云梦睡虎地秦简，入选央视《国家宝藏》节目成为"湖北三宝"。

越王勾践剑

越王勾践剑于1965年在江陵望山楚墓群一号墓出土，被誉为"天下第一剑"。历经两千多年，依然寒光逼人，它不仅是越王勾践卧薪尝胆、励精图治的历史见证，更是中国古代青铜铸造技术和艺术成就的杰出代表。

剑长 55.6 厘米
宽 5 厘米

越王勾践剑 战国

剑身正面靠近剑格处写有两行鸟篆铭文："越王鸠浅 自作用剑"，鸠浅即勾践。

曾侯乙编钟

1978年5月，人们在湖北随县（今随州）城郊发现了一座神秘大墓，墓中出土的器物上共出现了208处"曾侯乙"字样，昭示着墓主人的身份。曾侯乙编钟便出自这座墓中，它总重 4400 多千克。钟身刻有精美的纹饰和铭文，音域跨越 5 个半八度，能演奏五声、六声以及七声音阶的乐曲。曾侯乙编钟也是中国目前发现的数量最多、保存最好、音律最全、气势最宏伟的一套编钟。

钮钟

甬钟

楚惠王赠曾侯乙的镈钟

曾侯乙编钟 战国

曾侯乙墓中共出土编钟、编磬、鼓、瑟、琴、笙、排箫、篪等 8 种乐器，共 125 件，展示了完整的先秦诸侯国国君的宫廷乐队和寝宫乐队。

少年研学体验官 听一场编钟音乐会

湖北省博物馆在1984年复制全套曾侯乙编钟成功后，于1987年成立了以曾侯乙编钟复制件演奏为核心的编钟演奏组，常年在湖北省博物馆驻点演出，来参观时一定不要错过哦。

淡季和旺季每日的演出场次均有不同，演出时间每场30分钟，可于南馆负一楼西侧的编钟演奏厅外的自助售票机购票。

元青花四爱图梅瓶

2006年出土于湖北钟祥郢靖王墓，瓶身肩部用凤穿牡丹图装饰，腹部的四个菱形的开光内描绘了王羲之爱兰、陶渊明爱菊、林和靖爱梅鹤、周敦颐爱莲4个故事。元青花瓷器存世数量极其稀少，而带有如此精美人物图案的元青花梅瓶更是罕见，所以该梅瓶被称为"被称为陶瓷中的大熊猫"。这件梅瓶对于研究元代的陶瓷史、绘画史、文化史等都具有重要的参考价值。

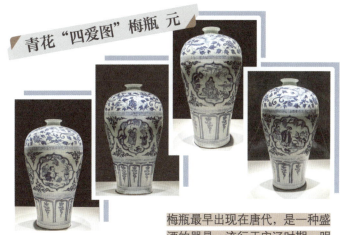

青花"四爱图"梅瓶 元

梅瓶最早出现在唐代，是一种盛酒的器具，流行于宋辽时期，明清逐渐从日用瓷器转变为陈设瓷器。梅瓶的典型特征为小口、短颈、丰肩、修腹、窄胫、圈足，元代之后以景德镇烧制的梅瓶最为精美。

文物中的"显眼包"

拥有众多宝藏藏品的湖北省博物馆，不仅以其丰富的文物吸引着众多历史爱好者，而且凭借一些具有独特魅力的馆藏文物，吸引游客们驻足观看。

干煸鱼

这是一条来自战国时期，安逸地躺了2400多年的干煸鱼，身上的鱼鳞清晰可见。这条鱼是作为祭品放在墓中的，经检测显示这是一条用盐腌渍过的咸鱼，为考古学家研究战国时期楚人的饮食习惯提供了新的线索。

蟠龙盖兽面纹铜罍

蟠龙盖兽面纹铜罍出土于湖北随州叶家山墓。这件铜罍纹饰繁缛，装饰华丽。尤其是盖顶有一只昂首挺立的蟠龙，圆圆的眼睛，扁扁的嘴巴，看起来像是在噘嘴，十分惹人喜爱。

除了湖北省博物馆以外，四川博物院、辽宁省博物馆都收藏有造型类似的铜罍，虽然相隔千里，但是都为西周时期的文物。由此可见早在3000多年前，南方和北方就已经有了文化上的交流。

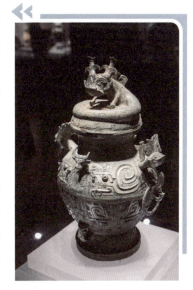

蟠龙盖兽面纹铜罍 西周

干煸鱼 战国

江城瑰宝藏古今
武汉博物馆

研学地点
武汉博物馆

研学关键词
《江汉揽胜图》，武汉建城史

研学目标
了解武汉市的城市发展历史

课堂链接
历史教材七年级上册：动荡变化中的春秋时期

研学思考
武汉博物馆内哪件藏品给你留下了深刻印象？

武汉市是一座拥有长达3500年悠久建城历史的文化名城，其历史可追溯至商代的盘龙城遗址。历经三国时期夏口城与却月城的割据纷争，隋唐时期武昌与汉阳"双城格局"的确立，直至明代汉水改道后形成的"三镇鼎立"局面，这座城市以其悠久的历史为后人留下了无数宝贵的文化遗产。而武汉博物馆，正是这座魅力江城的重要展示窗口。

数读武汉博物馆

陈列面积
6000 平方米

建筑面积
2.6 万余 平方米

馆藏展品
6 万余件

2001年，位于江汉区后襄河畔的武汉博物馆正式对外开放。

1986年，武汉博物馆建成。

全景沉浸式的时空穿梭之旅

武汉博物馆通过对出土文物、建筑遗址、城市风貌，以及人文景观、城风民俗等内容的展示，揭示了武汉悠久灿烂的历史。

谷纹玉璧 东汉

3F 武汉近现代历史陈列

以浮雕、仿真硅胶雕像、多媒体展示系统，油画等设计元素，全景展示了从1838年林则徐武汉禁烟到1950年人民政权建立的百余年间，武汉的城市演进轨迹。

2F 武汉古代历史陈列

展厅以古代文物为主体，以史料为依据，生动再现了武汉在各个重要历史时期的历史文化。

1F 专题陈列

设有"琬琰英华——馆藏历代文物珍赏"和"古代陶瓷艺术陈列"两个展厅。这里展示了从商代到明清时期的各类文物精品，如商代的凤纹方罍、元代的青花"四爱图"梅瓶等镇馆之宝。

闹中取静的宝藏博物馆

武汉博物馆坐落于武汉市江汉区青年路373号，博物馆主体建筑规模宏大，气势磅礴，融合了东方文化的典雅与现代建筑的功能性，是武汉的标志性文化景观之一。走进博物馆，仿佛穿越历史的长廊，文物涵盖青铜、陶瓷、玉器、书法、绘画、印章、雕塑、明清家具、钱币、文献等多个类别。

展品紧紧围绕"再现武汉历史""讲述武汉故事"的思路，通过大量的历史文物、复原场景和现代数码技术，生动展示了武汉从古代至近代的历史变迁，不仅让人们深入了解武汉的历史脉络，还通过互动体验让人们仿佛置身于历史场景之中。

探寻镇馆之宝

　　走进武汉博物馆一楼的序厅，墙上的巨型丝织挂毯以明代《江汉揽胜图》为蓝本，生动再现了武汉三镇的繁华。这些珍贵文物，不仅是中华文明瑰宝的一部分，也是武汉这座城市深厚文化底蕴的象征，诉说着过往的辉煌与沧桑，引领我们走进一段段鲜为人知的历史故事。

《江汉揽胜图》明

右下角这一商铺云集、建筑错落的地方就是当时的汉口。

画面左上为武昌，能看到武汉的地标建筑黄鹤楼。

画面右侧是汉阳，画中可以看到坐落在禹功矶上的晴川阁。

　　《江汉揽胜图》是明代画家笔下的武汉城市风情画卷。它以细腻的笔触描绘了长江与汉水交汇处的壮丽景象，龟、蛇二山隔江相望，武汉三镇尽在其中。画面大气磅礴，布局严谨，景物繁而不杂，虚实结合，将明代武汉水陆繁盛的特点表现得淋漓尽致，让人仿佛穿越时空，置身那个繁华的时代。

口
颈
肩
耳
腹
鋬（pàn）
圈足

凤纹方罍　商

主体纹饰从上往下共五组，第一、二、三、五组为两两相对的飞凤纹饰，第二组正中有饕餮浮雕，第四组腹部饰蕉叶纹，蕉叶内填凤纹。

罍是什么？

罍出现于商晚期，是一种大型盛酒器和礼器，形制似壶，流行于商晚期至春秋中期。《诗经·周南·卷耳》中就有"我姑酌彼金罍"的记载。

罍有方形和圆形两种，方形罍多出现于商代晚期，特征为宽肩、两耳、有盖；圆形罍则在商代后期和西周时期较为流行，多为大腹、圈足、两耳。从商到周，罍的造型逐渐由瘦高转为矮粗，繁缛的图案渐少，变得素雅。

铜罍 西周

临沂市博物馆藏。

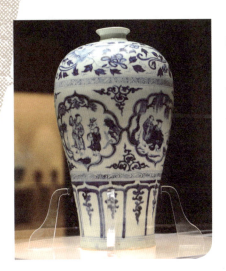

青花"四爱图"梅瓶 元

元代青花"四爱图"梅瓶与湖北省博物馆的题材相似，也取材于四位最具代表性的中国古代文人，不同的是，这只梅瓶是从民间收购而来的。武汉人把汉口称作"江北"，把武昌称作"江南"，这两只梅瓶就这样在两座博物馆中"隔江相望"。

这件凤纹方罍于1966年在武汉市蔡甸区永安街长征村竹林嘴出土。其造型大气，纹饰精美，工艺集浮雕、线雕于一体，代表了中国青铜时代鼎盛时期的铸造水平。由于青铜罍流行时间短，存世数量少，方形罍更是少见，故这件凤纹方罍格外珍贵。可惜的是出土的时候凤纹方罍的盖子就已经丢失，2021年武汉博物馆以洛阳博物馆的"母鼓方罍"为参照，为它重新制作了盖子。

"乾隆款"双凤交颈玉执壶 清

这件双凤交颈玉执壶由青玉打造，造型是两只凤鸟双颈相交，两足相抵，亲密地依偎在一起，看起来十分缠绵恩爱。壶底刻有"乾隆御制"填金撰篆书款，是乾隆时期玉雕的精品。

"武汉"

的名字是借来的？

"武汉"并非一开始就是这座城市的名字，在两千多年的历史长河里，武汉的"曾用名"可谓眼花缭乱：沙羡、江夏、夏口、武昌、汉津、汉阳、汉口……

这些名称与武汉博物馆的文物不仅记录了武汉地区的历史变迁和发展轨迹，也成了武汉文化的重要组成部分。

春秋战国

属楚国境内

春秋战国时期，武汉属于楚国，是楚国的中心地带。

甬钟 西周

秦

属南郡

秦时期，施行郡县制，武汉属南郡管辖范围。

汉

沙羡县、却月城

鲁诗铭文重列式神兽镜 东汉

西汉时期，《汉书·地理志》中记载，江夏郡下辖十四个县，其中沙羡（yí）县管辖的范围就包括了今天的武昌区、江夏区等区域。

三国时期

夏口城

青瓷人物俑 三国

三国时期，群雄并起，武汉及周边区域因为两江交汇的绝佳地理位置，成为群雄逐鹿的重要据点。223年，孙权在当时的江夏山（今蛇山）修筑城池，这座城池因夏水（汉水）注入长江得名，因此也被称为夏口城。这一时期的夏口，不仅是军事重地，也因其重要的战略地位而成了历史上的多次战争和事件的关键地点。

除此之外，孙权还在距离武汉以东约80千米的鄂州市建都，并将鄂县更名为武昌，寄托"以武而昌"的美好愿景。这一更名，不仅赋予了武昌以新的生命，也预示着这片土地将因"武"而兴，因"昌"而盛。

隋

汉阳县、江夏县

隋开皇十七年（597），隋文帝时期，位于江水北岸的沔阳郡，下设汉津县。隋炀帝大业二年（606），汉津县改名汉阳县，成为新设沔州的首府。从此，"汉阳"作为县名出现，比"武昌"足足晚了300多年。汉阳的诞生，为武汉地区增添了又一重要角色。汉阳与武昌隔江相望，共同构成了武汉早期的双城格局。

灰陶十二生肖俑（鼠）隋

明清

江夏县、汉阳县

青花弈棋簋形香炉 明

公元15世纪，明成化年间（1465—1487），江汉平原遭遇大洪灾，在如今的郭茨口上游处决口，导致汉江改道，汉阳被一分为二。新辟的河道从龟山北麓流入长江，汉阳被划到了汉江南面。汉江北面被改道江水切出来的一块低洼的荒地，因为紧靠汉江河口，所以被命名为"汉口"。

1899年，汉口与汉阳正式分治，汉阳县襄河以北地区设立夏口厅。

近现代

武汉

1912年，国民政府废弃汉阳府，保留汉阳县，同时将夏口厅改为了夏口县，原本的江夏县改名武昌县。

1927年年初，国民政府迁至武汉，将汉口、武昌两市划为京兆区。此后武汉数次更名，先后建立武汉（特别）市、汉口（特别）市、武昌市政府（处）。

1949年武汉解放，将原汉口市、武昌市和汉阳县城区合并为武汉市。

踏寻革命足迹
辛亥革命博物院

1911年10月10日，武昌的一声枪响，如惊雷般划破了沉闷的夜空，拉开了辛亥革命的序幕。辛亥革命推翻了清王朝的统治，书写了一段崭新的历史篇章。武汉，这座英雄的城市，也因此被赋予了"首义之城"的美誉，成为中国革命的圣地，在中国近现代史上扮演着重要的角色。

辛亥革命博物院北区为辛亥革命武昌起义纪念馆，主要是以鄂军都督府（红楼）等历史遗迹为主的专题陈列。

打响辛亥革命第一枪

研学地点

辛亥革命博物院，起义门，武昌起义纪念馆

研学关键词

辛亥革命

研学目标

了解辛亥革命的发生原因、历史意义

课堂链接

历史教材八年级上册：辛亥革命

研学思考

辛亥革命对中国的发展有着怎样的意义？

辛亥革命的燎原之火，为什么偏偏在武汉打响了第一枪？这是由多方面因素共同作用的结果。武汉地处要冲，铁路、水路、公路交织成网，使其成为信息交汇的枢纽。加之租界的设立，政治地理版图悄然变化，封建体系的瓦解步伐因此加快。张之洞昔日于武汉推行的"湖北新政"，为革命准备了经济、文化、军事等多方面的条件和力量。

尤为关键的是，武汉镇压自立军案成为辛亥革命的导火索。唐才常等自立军领袖的牺牲激发了无数后来人的革命热血。随后，科学补习所、日知会、湖北军队同盟会等组织如雨后春笋般涌现，他们逐步统一湖北的革命势力，合力推动了革命浪潮滚滚向前。

最终，在同盟会中部总会的推动下，1911年10月10日晚，辛亥革命的第一枪打响了。起义军迅速攻克了湖广总督衙门，占领了武昌，第二日在武昌成立了湖北军政府。

辛亥革命的意义

武汉与辛亥革命的关系，不仅仅在于它是"辛亥革命第一枪"的发生之地，还在于这座城市所蕴含的深厚首义文化和"首义情结"，无数革命先烈都在这里留下了不朽的足迹。这场革命不仅推翻了清朝的腐败统治，还促进了中华民族的思想解放。在武汉，随着革命的胜利，一系列民主改革措施得以实施，如废除封建特权、推行地方自治等，为中国的现代化进程奠定了初步基础。

武昌起义三烈士

1911年10月9日，武昌革命党人原定的起义计划不慎走漏风声，随后，革命党人彭楚藩、刘复基、杨洪胜等落入敌手。面对严刑拷打，三位烈士宁死不屈，最终壮烈牺牲。为纪念这三位烈士，武汉人民在武汉造船厂（烈士就义处）树立起了一座纪念碑，又在阅马场树立了彭、刘、杨三位烈士并立的雕像，还特意将一条大道命名为"彭刘杨路"，让后人永远铭记烈士的英雄勋业。

彭刘杨三烈士塑像

辛亥革命博物院

辛亥革命博物院分为北区与南区，馆内基本陈列和专题展览共5个，展示了辛亥革命时期的历史文物、照片和复原场景。从晚清中国，到革命原起、武昌首义、创建共和，再到辛亥百年，每一个展区都如同一部生动的历史教科书，馆内的多媒体展示，更是将那段历史以更加直观、生动的方式呈现在观众面前。

南区的辛亥革命博物馆布置有基本陈列"共和这基——辛亥革命历史陈列"。

数读辛亥革命博物院

占地面积 **4.2** 万平方米

展厅面积 **1.2** 万平方米

文物藏品 **3.5** 万件（套）

珍贵文物 **512** 件（套）

基本陈列和专题展览 **5** 个

红色足迹
★在武汉

中共五大会址纪念馆

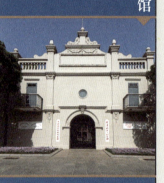

武汉作为一座英雄的城市，承载了无数革命先烈的奋斗与牺牲，也因此留下了许多红色印记。武汉中共中央机关旧址纪念馆、八七会议会址纪念馆……它们不仅是历史的见证，更是红色精神的传承，承载着无数革命先烈的奋斗与牺牲，也激励着后人不断前行。

武汉中共中央机关旧址纪念馆

江岸区胜利街163号

武汉中共机关旧址纪念馆是1927年初中共中央政治局常委会开会和秘书厅办公的地方。

武汉中共中央机关旧址纪念馆占地面积约2495平方米，建筑面积4471.39余平方米，馆藏文物4000余件（套）。该馆位于汉口胜利街与黎黄陂路交叉路口，由武汉中共中央机关旧址及与其毗邻的唐生智公馆、怡和洋行公寓3座老建筑组成。陈独秀、蔡和森、瞿秋白、周恩来、毛泽东等数十位党的重要领导人曾在这里居住或从事革命活动。

武汉中共中央机关旧址纪念馆中的八七会议雕像

八七会议会址纪念馆

江岸区鄱阳街139号

八七会议会址位于原俄租界三教街41号，是1920年英国人建造的一排西式公寓（时称怡和新房）中的一个房间。1927年8月7日中国共产党在这里举行了紧急会议，史称八七会议，这次会议是党史上的重要转折点。

八七会议会址纪念馆由基本陈列展厅、辅助陈列室、临时展厅、复原会场和办公用房五个部分组成，二楼复原了八七会议的会场，向大众展示了当年会议的场景。

八路军武汉办事处旧址纪念馆

江岸区长春街57号

八路军武汉办事处旧址纪念馆是抗日战争初期中国共产党在国民党管辖区内设立的一个公开办事机构所在地。这里原是一栋日式四层楼房，为日商大石洋行所有。

复原陈列：董必武的住房兼办公室

1937年12月至1938年10月间，周恩来等多位中共领导人在这里领导长江局和八路军武汉办事处的工作。这里曾是宣传抗日统一战线、激发全国人民爱国热情的桥头堡，同时也是联络国际友人、连接中国与世界的枢纽。

武汉革命博物馆

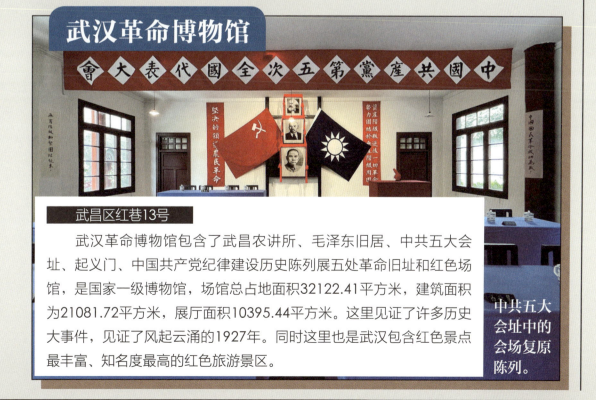

武昌区红巷13号

武汉革命博物馆包含了武昌农讲所、毛泽东旧居、中共五大会址、起义门、中国共产党纪律建设历史陈列展五处革命旧址和红色场馆，是国家一级博物馆，场馆总占地面积32122.41平方米，建筑面积为21081.72平方米，展厅面积10395.44平方米。这里见证了许多历史大事件，见证了风起云涌的1927年。同时这里也是武汉包含红色景点最丰富、知名度最高的红色旅游景区。

中共五大会址中的会场复原陈列。

楼起云间　诗传千古
武汉黄鹤楼

黄鹤楼与岳阳楼、滕王阁并称"江南三大名楼"。千百年来，白云环绕其上，滚滚长江从它的脚下流过。唐代诗人崔颢的"昔人已乘黄鹤去，此地空余黄鹤楼"和李白的"故人西辞黄鹤楼，烟花三月下扬州"让黄鹤楼声名远播。历代的文化名人和所作诗文丰富了黄鹤楼的文化积淀，使得诗以楼传，楼因诗显，黄鹤楼一时享誉海内外。

黄鹤楼仙踪

三国时期

黄鹤楼始建于三国时期吴黄武二年（223）。据《南齐书》记载，当时孙权在蛇山修筑夏口城，同时在城西南角黄鹄矶上修筑了一座军事瞭望楼，用于观察军情。此楼便是黄鹤楼的雏形。

唐

随着时间的推移，黄鹤楼军事功能逐渐减弱。自唐代开始，黄鹤楼已由军事瞭望楼变为文人雅士游览聚会、吟诗作画的重要场所，是一座著名的观赏楼。凡到鄂州、江夏的过客都要"到此一游"。

宋

大约在南宋绍兴至隆兴年间，由于战乱和火灾，黄鹤楼毁之不存。此后，虽因天灾人祸而屡屡损毁，但历代地方官员总会想方设法地修复黄鹤楼。

明

到明末，黄鹤楼还是没能逃脱毁于兵燹的厄运，在明末农民起义的滚滚浊尘中与明王朝一起灰飞烟灭。

依据宋代画作复原的黄鹤楼模型

清

黄鹤楼经历过三次严重的火灾，虽然在同治年间黄鹤楼得以重修，但存在时间不过十余年。光绪初年又遭火灾焚毁，此后百年间不复重建。

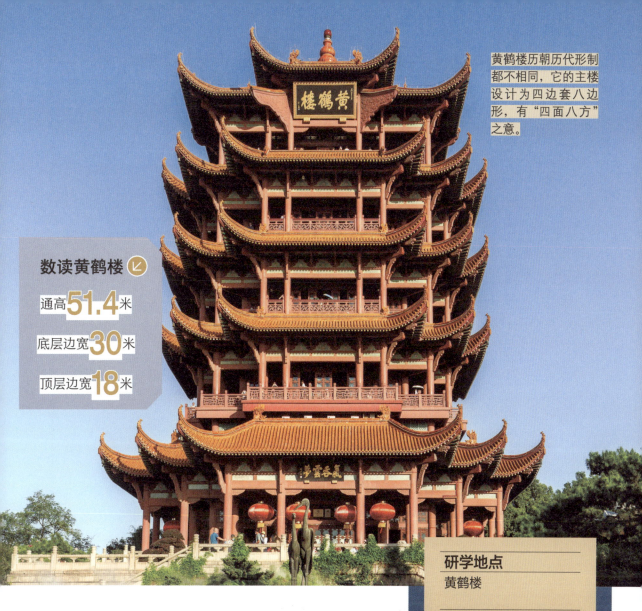

黄鹤楼历朝历代形制都不相同，它的主楼设计为四边套八边形，有"四面八方"之意。

数读黄鹤楼
通高 **51.4** 米
底层边宽 **30** 米
顶层边宽 **18** 米

独特的外观设计

　　黄鹤楼在历史上经历了多次毁建，因此有"国运昌则楼运盛"之说。仅在明代，黄鹤楼就被毁3次，重建3次，维修了2次。清代黄鹤楼的楼体还曾3次遭受火灾。

　　1981年，以清代"同治楼"为原型对黄鹤楼进行了重建，并运用了现代建筑技术施工，于1985年建成。重建后的黄鹤楼主楼为四边套八边形体，飞檐五层，攒尖楼顶，顶覆金色琉璃瓦，整楼形如黄鹤，展翅欲飞。既保留了古楼的特色，又根据现在的需要和人们审美观念的变化来设计，八方飞檐的鹤翼造型体现了黄鹤楼的独特文化，是中国传统建筑特色与文化意蕴的完美结合。

研学地点
黄鹤楼

研学关键词
黄鹤楼，李白，崔颢

研学目标
了解黄鹤楼的历史，与黄鹤楼相关的诗词

课堂链接
语文教材八年级上册：唐诗五首

研学思考
还有哪些与黄鹤楼相关的诗词？

丰富的文化内涵

在黄鹤楼的历史长河中，无数名人曾在此留下足迹，他们或是登高望远，抒发豪情壮志；或是借景抒情，表达对友人的思念。

传说中，吕洞宾曾在这里留下一幅神奇的壁画，画中的鹤能随着击掌声翩翩起舞，使得人们慕名前来观看。正是因为这个颇具传奇的说法，文人雅士在黄鹤楼上怀古的同时，咏仙、羡仙、求仙为其诗文中永恒不变的主题。

唐代诗人崔颢的《黄鹤楼》诗中写道"昔人已乘黄鹤去，此地空余黄鹤楼"，既是对黄鹤楼历史的追溯，也是对人生无常的感慨，更有对家乡的思念。这首诗从虚到实，一气呵成，被宋朝诗论家严羽赞为"唐朝七律第一"。

崔颢道出了黄鹤楼的神，而李白的《黄鹤楼送孟浩然之广陵》则写出了黄鹤楼的形。自唐至北宋，黄鹤楼成为众多诗人竞相吟咏的对象，光李白就有好几首诗提及黄鹤楼，足见其影响力之深远。

黄鹤楼，这座承载着无数历史名人与诗词的交汇之地，如同一部活生生的历史教科书，让我们在品味诗词的同时，也能感受到历史的厚重与文化的魅力。

研学新知

"黄鹤楼"之名从何而来?

关于黄鹤楼的命名，历来有"因山"和"因仙"两种说法。

"因山说"认为，黄鹤楼的名字是因为它建在黄鹄山上而得名。古代的"鹄"与"鹤"二字发音相同，因此"黄鹄楼"就被称为"黄鹤楼"。

"因仙说"则讲述了仙人（吕洞宾）为报答辛氏酒家老板慷慨赠酒，以仙术变出黄鹤在墙上翩翩起舞，引得付费观看的人络绎不绝。老板赚了大钱后，在黄鹄矶上修建了一座楼阁纪念仙人，名为黄鹤楼。

《人文荟萃》壁画

黄鹤楼三层的《人文荟萃》陶瓷壁画，用中国传统的工笔画技法，描绘了唐宋时期13位著名诗人，每一位旁边都用他们吟诵黄鹤楼的诗句作为题款。

古阁悠悠话古今
楚国晴川第一楼

唐代诗人崔颢留下的千古名诗不仅成就了黄鹤楼，也让晴川阁从此有了姓名。晴川阁，坐落于龟山东麓，与黄鹤楼夹江相望，楼阁对峙。它不仅以其独特的建筑风格和历史底蕴吸引着四方游客，还因其与大禹治水的传说紧密相连，成为中华民族精神的重要象征之一。

研学地点
晴川阁，禹稷行宫

研学关键词
大禹治水，崔颢，晴川阁

研学目标
了解晴川阁的历史和大禹的传说

研学思考
你还知道哪些大禹相关的传说故事？

三楚胜景晴川阁

晴川阁的历史可以追溯到明朝嘉靖年间，由当时的汉阳郡守范之箴所建。修建晴川阁的初衷，是为了纪念大禹治水的功德，因而专门修建了禹王庙（禹稷行宫）和这座阁楼。范之箴借用崔颢名诗《黄鹤楼》中"晴川历历汉阳树"一句中的"晴川"二字为楼阁命名，既赋予了楼阁以诗意，又使其与长江美景相得益彰。

晴川阁高约17.5米，占地386平方米，底层为石台基座，基座上层为木结构建筑，二层有环廊，廊檐为歇山卷棚式，顶部覆盖着绿色琉璃瓦，正中间匾额上书"晴川阁"三字。阁顶为金黄色琉璃瓦，是中国古代传统建筑中级别最高的建筑形制之一。

🔆 课外 拓展 诗说晴川阁

晴川历历汉阳树，芳草萋萋鹦鹉洲。
——〔唐〕崔颢《黄鹤楼》

凭栏高倚半江秋，楚国晴川第一楼。
——〔清〕程封《登晴川阁》

江上风烟望武昌，临江高阁晓苍苍。
——〔明〕傅淑训《晴川阁远眺》

岿然高阁翼其上，七泽三湘同入望。
——〔清〕毛会建《游晴川阁》

身世坎坷的晴川阁

明嘉靖五年至八年间（1526—1529）
汉阳知府范之箴建晴川阁。

明万历元年（1573）
晴川阁第一次大修，修缮后的晴川阁"飞甍绮疏，层轩曲槛，宏敞骞峙，盖三楚巨丽之观也"。

明万历四十年（1612）
汉阳府太守马御丙从军事作用考虑对晴川阁加固。

清顺治九年（1652）
由侍御聂玠主持重修晴川阁。

咸丰二年（1852）
毁于战火。

嘉庆十四年（1809）
汉阳知县裘行恕主持维修已朽损的晴川阁。

乾隆五十二年（1787）
为乾隆皇帝八十大寿特加营造，重修后晴川阁"飞阁层轩，规模宏敞"。

雍正五年（1727）
汉阳知府柳国勋主持加固晴川阁。

同治三年（1864）
汉阳郡守钟谦钧筹资重修晴川阁。

1911年
辛亥革命阳夏战争晴川阁在战火中被重创。

1934年
摇摇欲坠的晴川阁被大风刮塌。

1983年
按照清光绪年间式样重修晴川阁，于1986年对外开放。

晴川阁自兴建以后，可以说是身世坎坷，几经废兴，先后进行了多次大规模的维修。

现存的晴川阁，是1983年依据清末晴川阁的历史照片，在原遗址上进行复建的。整个阁楼的建筑形式和形态保留了晴川阁原有的"气势雄浑不失灵动，端庄凝重不失飘逸"的艺术风格。

研学新知

为什么说晴川阁是"楚国晴川第一楼"？

晴川阁位于汉阳龟山东麓的禹功矶上，前临长江，后依龟山，与武昌黄鹤楼隔江相望，山水交融，景色奇特，是"四方冠盖所必至"的胜地。清代文人程封曾在登晴川阁时留下了"凭栏高倚半江秋，楚国晴川第一楼"的美赞。

晴川阁的历史虽然没有黄鹤楼、岳阳楼那样悠久，但它拥有独特的地理环境、独具一格的优美造型，以及诸多文人名士的赞咏。晴川阁与黄鹤楼隔江相望，楼阁对峙，交相辉映，互为衬托，成为江城一大旅游胜景，被誉为"三楚胜境""千古钜观"。

晴川大禹情 古阁悠悠颂英雄

夏禹题跋像

相传，在尧的时代，中原地区洪水泛滥，水患成灾，百姓民不聊生。大禹为了治理水患，足迹遍布九州，而武汉则是他治水的重要区域之一。相传大禹治水成功后，曾站在一块大石上俯瞰江汉交汇，滔滔江水向东奔流而去，后人为纪念大禹，将这块大石命名为"禹功矶"。禹功矶之名古已有之，三国时称"吴王矶"，唐朝时叫"吕公矶"，元世祖忽必烈南巡至武昌改为现名，沿用至今。

研学新知

成语典故——三过家门而不入

三过家门而不入的典故来自大禹治水的传说，《孟子》中记载："禹疏九河……禹八年于外，三过其门而不入，虽欲耕，得乎？"如今这个成语也被用来形容人舍小家为大家的精神。

大禹头戴斗笠，手持耒耜（lěisì）的形象出自山东省济宁市嘉祥县武氏祠的大禹汉代画像。

禹稷行宫
宫宇巍峨祭圣贤

禹稷行宫是晴川阁建筑群中的重要组成部分，其历史甚至早于晴川阁本身。它的前身是禹王庙，始建于南宋绍兴年间（1131—1162），用以祭祀大禹。明嘉靖五年至八年间（1526—1529），范之箴对禹王庙进行了修葺，并增建了晴川阁，使整个建筑群更加宏伟壮观。明天启五年（1625），改禹王庙为"禹稷行宫"。同时，在原来祭祀大禹的基础上，又加祀后稷、伯益、八元、八恺等18位传说中的先贤。现存建筑为清同治二年（1863）重修，为硬山式砖木结构建筑。宫阁相邻间的各层平台上，建有朝宗亭、楚波亭、禹碑亭等。1983年，武汉市人民政府遵照"保持现状，恢复原状"的原则修葺并扩大了禹稷行宫。

"桥"见江城
一桥飞架 跨越天堑

武汉是一座与水结缘、倚桥而兴的城市。自武汉长江大桥建成以来，武汉的桥梁建筑便如雨后春笋般涌现。

截至2025年4月，武汉长江江面上已建成大桥12座，在建的1座；汉江上10余座桥。整个武汉大大小小的城市桥梁近700座。

龙腾天堑：万里长江第一桥

1957年10月15日，武汉长江大桥建成通车，这也是中华人民共和国成立后修建的第一座大桥。

武汉长江大桥是中国第一座跨越长江的公铁两用桥，桥为钢桁架形式，引桥的桥身使用了拱形结构，桥面用的是中国传统的重檐四坡攒尖顶。在当时极端困难的条件下，它的正式施工时间仅用了2年零1个月。武汉长江大桥不仅连接了武汉三镇，还连通了中国大江南北。

如今，武汉长江大桥已经巍然屹立60余年，每天约有300列火车、10万辆汽车通过，甚至遭受过70余次轮船撞击，大桥的钢梁和桥墩仍然无裂纹、无弯曲变形，百万颗铆钉未发现松动，全桥无变位下沉、坚挺如初。

庭式桥头堡

大桥的建设过程中采用了双层桥面设计，还使用了深水基础管柱钻孔作业等当时先进的工程技术。这些技术的应用使得大桥的工程质量得到了保证。

上层为双向四车道，设计速度100千米/小时。

下层为双线铁轨，设计速度160千米/小时。

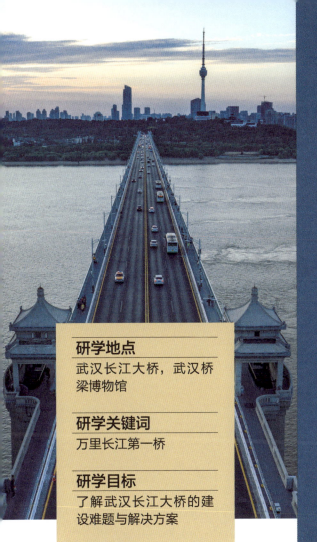

克难攻坚：智慧破解建桥难题

武汉长江大桥的建设过程中，遇到了诸多技术难题，尤其是桥梁的基础施工。

近百年来，世界上桥梁深水基础施工，只有气压沉箱法这一种方法。施工时人在里面工作时不仅要承受附加的大气压力，还有着"氮麻醉""氧中毒"等生命危险。

由于长江水流湍急，河床淤泥深厚，桥址地质复杂，碳质页岩还可能伴有有害气体，传统的施工方法难以应用，施工人员不能长时间作业，工期也大受影响。后来苏联的桥梁专家西林提出采用创新的"管柱钻孔法"，将直径1.55米的空心管柱打入河床岩面上，在管上钻孔，孔内灌注混凝土，使其与岩石牢固凝结，然后再在上面修筑承台及墩身。

这一方法不仅解决了气压沉箱法存在的问题，而且可将水下作业全移到水上进行机械化施工，从而减轻震动强度、保障工人健康、节约工程造价，极大地加快了施工速度，降低了工人的人身危险性，并成功解决了桩基施工难题。

研学地点
武汉长江大桥，武汉桥梁博物馆

研学关键词
万里长江第一桥

研学目标
了解武汉长江大桥的建设难题与解决方案

研学思考
你认识多少种武汉长江大桥栏杆上的图案？

研学新知

武汉长江大桥上隐藏的设计巧思

作为中华人民共和国成立之后的经典建筑，武汉长江大桥不仅使用了现代化技术，还是一座具有文化和艺术价值的建筑。它的栏杆、灯柱、窗棂、壁饰、雕塑、穹顶等无不体现出它的雄阔与美感。

武汉长江大桥桥面的栏杆上用镂空剪纸手法雕刻着各种体现中国传统文化精髓的铸铁雕花，如"金猴采桃""鱼戏莲荷""松鼠葡萄""鹿与梅花"等，纹样吉祥喜庆，寓意丰富。

金猴采桃

祥云纹样

连接三镇好帮手

长江大桥

奔流不息的江河、星罗棋布的湖泊，成就了"水都武汉"，而"九省通衢"的地理位置也决定了这座城市的发展方向——必须遇水搭桥，连通三镇。截至2025年4月，在长江武汉段跨越天堑的大桥就有12座，城因桥而兴旺，桥以城而驰名。

武汉长江二桥

武汉长江二桥原本叫武汉长江公路桥，1994年，李先念为"长江二桥"题名，从此一锤定音。这是武汉最早的斜拉桥，也是武汉景观最丰富的桥之一。

阳逻长江大桥

阳逻长江大桥是武汉首座悬索桥，主跨为1280米，真正实现了"一跃跨江"。为满足主塔的功能性要求和景观需求，主塔采用了别致的"剪刀撑"形式，为国内首创。

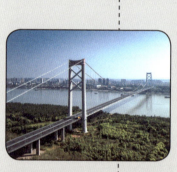

（1995年通车）▶▶ （2000年通车）▶▶ （2007年通车）　▶▶

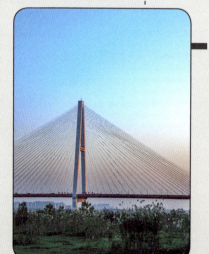

白沙洲长江大桥

白沙洲长江大桥的诞生，使107、316、318等国道由"瓶颈"变通途，是打通武汉中环的两座桥梁之一。桥下洪山江滩有武汉最长的樱花大道，700多株樱花树绵延3千米，春天走在路上一边赏花一边拍照，非常惬意。

天兴洲长江大桥

　　武汉天兴洲长江大桥，将钢桁梁与斜拉索结合，创下四项世界第一。它是目前世界上主跨最大、荷载最重的公铁两用斜拉桥。

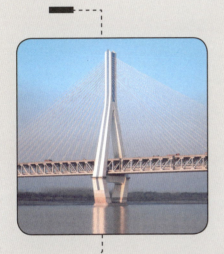

青山长江大桥

　　青山长江大桥的"青山"二字取自武汉市青山区，是武汉市第一座以城市行政区的名字来命名的桥梁。青山长江大桥全长7548米，是世界上跨度最大的全漂浮体系斜拉桥，也是武汉第一座一跨过江的斜拉桥。桥上最高行驶时速可达120千米/小时。

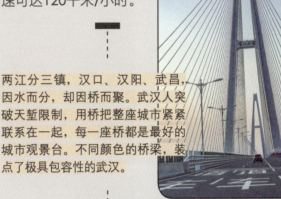

　　两江分三镇，汉口、汉阳、武昌，因水而分，却因桥而聚。武汉人突破天堑限制，用桥把整座城市紧紧联系在一起，每一座桥都是最好的城市观景台。不同颜色的桥梁，装点了极具包容性的武汉。

（2009年通车）　▶▶　（2014年通车）　▶▶　（2019年通车）　▶▶　（2021年通车）

鹦鹉洲长江大桥

　　鹦鹉洲长江大桥是世界首座主缆连续、跨度最大的三塔四跨悬索桥。大桥连接汉阳和武昌城区，桥面宽38米，两主跨跨径均为850米，仅用3年多，就顺利建成。

杨泗港长江大桥

　　杨泗港长江大桥是世界上跨度最大的双层公路悬索桥，也是长江上首座双层公路大桥。大桥主跨1700米，中间没有桥墩，一跨过江，是长江上最漂亮的大桥之一。

珞珈辉煌
学府风华
武汉大学

如果评选中国最美大学，武汉大学总会出现在候选名单里。尤其是每年三四月份樱花盛开的时节，学校里更是挤满了各地来的游客。除了风景秀丽的湖光山色，这座百年名校也以其厚重的文化沉淀和独特的人文魅力，吸引着无数学子。

依山傍水的校址

国内高校依山傍水的不少，可完整承包一座长1280米、高118米的山丘的高校却极罕见。整个武汉大学都坐落在一片丘陵中，其中最为出名的莫过于珞珈山。珞珈山原来叫作"落驾山"，后由闻一多更名为"珞珈山"。

1928年，时任国立武汉大学建筑设备委员会成员的地质学家李四光邀请当时美国著名的建筑师开尔斯来实地考察校址，开尔斯对这个位置非常满意。

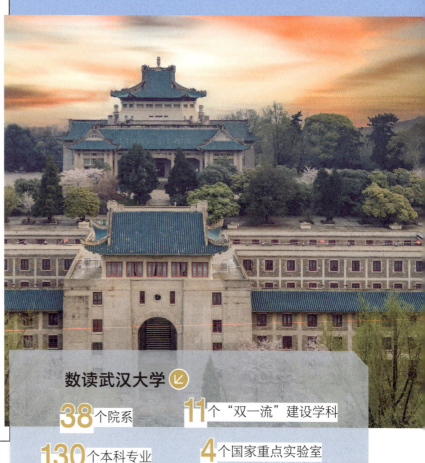

数读武汉大学 ↙

38 个院系

11 个"双一流"建设学科

130 个本科专业

4 个国家重点实验室

以上数据截至2024年12月

研学地点
武汉大学

研学关键词
武汉大学历史，武汉大学老建筑

研学目标
了解武汉大学的历史与建筑

研学思考
你还知道武汉大学的哪些建筑或景观背后的故事？

"李先生到上海找到一个有名的建筑工程师开尔斯君……他察看后，亦力称该地为极好的校址，因为在建筑上讲，那一带都是些不甚高峻的山，山石可以利用，水的供给亦好，泉水、湖水都可用。"

——首任校长王世杰先生在报告中这样写道

珞珈门牌坊的变迁

如果从珞珈门进入武汉大学，一眼就能看见伫立在门口上书"国立武汉大学"的牌坊，绕到牌坊背后上面还有"文、法、理、工、农、医"六字。

最早的牌坊建于1935年，为木质结构，于1936年毁于大风。同年重建的牌坊为钢筋水泥结构，但由于位置所在的大学路街道口位于校外，无法起到校门的作用，让武汉大学成了"没有校门的学校"。

位于武昌街道口劝业场的武汉大学牌坊

位于武汉大学校门广场的新牌坊

后来在 1993 年，于八一路与珞珈山路（大学路）的交汇处仿建了一个与之前相似，又略有不同的牌坊，但由于规划问题于2012年又被拆除。如今人们在校园中看到的牌坊是2013年重建的，尺寸比之前的要大一点儿。虽然牌坊几经重建，但武汉大学"得天下英才而教之"的初心仍然未改。

历史悠久的百年名校

1893 年 自强学堂
由清末湖广总督张之洞奏请清政府创办，自强学堂创办之初，开设了方言（即外语）、算学、格致、商务四门课程，专门培养外语和商务人才。

1902 年 方言学堂
自强学堂迁至武昌东厂口，并改名为方言学堂，1911 年因辛亥革命爆发而被迫停办。

1913 年 国立武昌高等师范学校
北洋政府以原方言学堂的校舍、图书、师资为基础，改建成国立武昌高等师范学校。

1926 年 国立武昌中山大学
武汉国民政府将武昌大学与其他几所学校合并，组建国立武昌中山大学。

1928 年 国立武汉大学
国民政府改组武昌中山大学，正式定名为国立武汉大学，成为近代中国第一批国立大学之一。

2000 年 武汉大学
武汉大学与周边的武汉水利电力大学、武汉测绘科技大学、湖北医科大学合并组建新的武汉大学，形成了今日武大四大学部的格局。

武汉大学的早期建筑群

武汉大学早期建筑群工程于1930年3月开工建设，1936年竣工。建筑风格独具特色，以气势恢宏、布局精巧而著称，建筑群因山就势、形式各异，将中国元素与西方元素完美地融合在一起，形成了既古典又现代的独特风貌。

老图书馆竣工于1935年9月。

老图书馆

老图书馆位于狮子山顶，是珞珈山麓最高的建筑。整体外观为皇冠形仿故宫建筑，飞檐画角，龙凤卷云，内部既有西式的回廊，又有中式古典建筑中的雀替、额枋，将"中西合璧"的建筑风格发挥得完美而极致。

行政楼

原为工学院，采用的是中式主从格局，坐南朝北。主楼的正方形墙体有着明显的侧角，这是因为中国的传统城墙是带有一定坡度的斜面。为了使建筑样式符合中国传统样式的要求，设计师将墙面四角削斜，巧妙地利用了人们的视觉误差，营造出墙体为斜面的视觉假象。

老斋舍

武汉大学最早的学生宿舍，于1931年9月竣工。老斋舍总共四栋，主体颜色为灰色，由三座雕花罗马门连接。在设计时顺应自然地势变化修建，形成了房屋层次不同，但是屋面在同一个平面的"天平地不平格局"。

武汉大学的樱花是怎么来的?

1939年，抗日战争期间，日军占领武汉大学校园，为缓解日军伤员的思乡之情，栽种了不到30株樱花苗木。抗日战争胜利后，这些樱花树作为曾经中国遭受苦难的见证保留了下来。

随着时间的推移，当年的樱花树大多数已经死亡。中日恢复邦交后，武汉大学的樱花树多次得到了更新和补充，如今的樱花树早已经不是当年日军留下的花种。这些樱花因历史而生，因邦交而稳，珞珈山上的樱花早已成为武汉大学校园文化中不可缺少的一部分。

卓尔体育馆

万林艺术博物馆

武汉大学校友建筑

武汉大学也拥有国内杰出的校友群体，近些年校园里的新建筑，如雷军科技楼（雷军捐建）、万林艺术博物馆（陈东升捐建）、振华楼（毛振华捐建）、卓尔体育馆（阎志捐建），都是校友捐的。

这些校友不仅在各自的领域内取得了卓越的成就，而且也以各种方式回馈母校。他们的成功故事激励着一代又一代的武汉大学学子，为实现个人梦想和为社会贡献力量而不懈努力。

少年研学体验官：
去武汉大学赏樱花

推荐赏樱路线：樱花大道　老斋舍　樱园　行政楼
理学楼　樱顶图书馆
鲲鹏广场

每年三月中旬到四月初是去武汉大学赏樱花的好时节，武汉大学会在这段时间内单独开放游客进入校园赏樱的预约通道，每日接待游客数量有限。如果同学们有兴趣去赏樱，千万不要忘记预约。

最佳赏樱地点：
老斋舍（又被称为"樱花城堡"）、樱花大道。

倾听大江的声音
武汉汉口江滩

滨江滩地宽 **150~420** 米，长 **7000** 米，面积约 **2** 平方千米

汉口江滩公园上起武汉客运港，下至丹水池后湖船厂

研学地点
汉口江滩

研学关键词
江滩形成的原因，武汉渡江节

研学目标
了解汉口江滩的设计理念

研学思考
除了汉口江滩外你还知道武汉有哪些江滩吗？

武汉人沿江建起70多千米长的江滩，既是防洪工程，也是人民的公园。在汉口江滩找个台阶坐下，可以一边吹江风，一边看灯光秀，享受闲适生活。

汉口江滩是怎样形成的？

汉口江滩，这片位于武汉市江岸区和江汉区的广袤地带，有着享誉中外的"金外滩"之称。它与沿江大道相邻，与黄鹤楼隔江相望，然而这片美丽的江滩并非自然天成，而是历经数年的地质变迁与江水冲刷，最终形成了今天我们所见的模样。

长江由西南向东北穿过武汉市区，受到地转偏向力的影响，长江右岸的武昌水流急，侵蚀作用强，而左岸的汉口水流平缓，河流从上游携带的泥沙在这里不断淤积，河床发生堆积。长江的水流漫到河床以外的滩面，由于水深变浅、流速减慢，悬移的细粒物质便在滩面上沉积下来，时间一长，河床堆积物就形成了边滩。

研学新知

汉口江滩的野生芦苇

每年秋冬，汉口江滩堆积起的淤泥上都会生长出绵延6千米的野生芦苇。汉口江滩位于汉江与长江交汇处下游，汉江水汇入长江产生的水流变化，形成地势相对平缓的汉口江滩，为芦苇生长创造适宜的环境条件。

靠谱的防洪工程

江滩公园最初建设的目的是为了防洪。1998年，长江流域的特大洪水持续了77天，洪水过后，武汉启动龙王庙险段整治，拉开了江滩公园建设的序幕。根据长江的枯水期和丰水期的变化，汉口江滩建设了三层亲水平台，分别对应长江武汉段常年水位、长江武汉段防洪设防水位以及武汉市20年一遇的洪水高度，每一层都是一道水位线。

这一设计在2020年武汉暴雨期间也发挥了重要作用。哪怕临水平台平均每年有2个月泡在水里，武汉人依旧可以放心地在江边散步。在枯水期时，最低一级平台甚至会现出沙滩，人们可以拾级而下，和江水靠得更近。

每逢汛期，国家一级美术师郭雪雕刻的《美好未来》雕塑就会被水淹没，成了人们判断水位高低的新地标。

横渡长江博物馆介绍了武汉渡江习俗的由来和发展历史，是一座国有博物馆。

横渡长江博物馆

少年研学体验官：
参与武汉渡江节

每年7月至8月，武汉都会举办武汉7·16渡江节，这是为了纪念毛泽东主席畅游长江而举办的节日，同时也是游泳爱好者的盛会。

渡江节一般有两条游泳路线可以选择：一条是从武昌汉阳门1号码头下水游到汉口江滩三阳广场起水的横渡方队，游程约6000米，总共28个方队，每个方队60余人。另外一条是武昌汉阳门1号码头下水至汉阳南岸嘴起水，游程约1800米的计时抢渡赛。

如果不会游泳也没关系，可以去抢渡赛的终点——武昌长江观景第一台为参赛选手呐喊助威。

武汉的人民乐园

汉口江滩的建设理念是将防洪与城市景观相结合。通过大规模的堤防建设，江滩不仅成了防洪屏障，也成为美丽的景点。昔日的杂屋滩涂、工厂码头、防洪险点，被分期改造成防洪屏障和美丽景点，实现了防洪、景观、旅游、休闲、健身为一体的亲水岸线。现在看来，汉口江滩既是防洪工程，也是人民乐园。

码头文化的味蕾印记
江城食韵 味里藏情

　　想要了解一座城，得先从它的美食开始。武汉独特的地理位置和历史背景形成了它独特的饮食文化，早餐无疑是了解武汉最好的窗口之一。美食家盛赞武汉为"早餐之都"，品种丰富到可以连吃一个月不重样。同时因为江湖众多，淡水资源丰富，小龙虾、藕汤、武昌鱼等以淡水水产为主的菜品也成为武汉餐饮的代表。

牛肉粉

锅贴　欢喜坨
葱油饼　糊汤粉
香辣鸭翅

热干粉　油条
煎包　米粑粑

"过早了冇？"

三鲜豆皮

蛋酒　　糯米鸡

抄手　炸糍粑　米酒

油饼包烧麦

汤包　烧麦

热干面

生煎包

过早了冇？

　　武汉人把吃早点称为"过早"，"过早"从字面意思上可以理解成为"太早了""时间超前"等，在武汉，却是每一天最有仪式感的开始。

　　武汉旧时是一座码头城市，在繁忙的码头，工人们需要在短时间内解决早餐问题，于是街头巷尾的小吃摊成了他们的首选。因此，"过早"中的"过"字就蕴含着快速的意味。这种习惯延续至今，成为武汉人生活方式的一部分。除此之外，这个"过"字也体现了武汉

油饼　炒豆丝　面窝

糯米包油条

人对于吃早饭的重视。早餐要"过"，一如过年、过生日。把早餐当成一件隆重的事情看待，彰显着武汉人对"吃"的执念。

武汉人每天早晨起来纠结的不是有没有早餐吃，而是吃什么。以至于武汉人早起碰见熟人，不是问候"早啊"，而是问："过早了冇（mǎo）？"多年来，"过早"俨然成了武汉的城市名片之一。

晨光里的盛宴

在武汉，有人群居住和聚集的地方就有早点摊。早点的价格优惠，品种繁多。武汉人能底气十足地向外地人"炫耀"——在武汉"过早"，可以一个月不重样。

这些早点都已各自发展出与之相关的名店，比如老通城的三鲜豆皮、小桃园的煨汤、蔡林记的热干面、谈炎记的水饺、田恒启的糊汤粉、四季美的汤包……这些武汉闻名的早餐连锁店铺，甚至还作为"汉味早点"的代表开向了全国各地。

这些只是武汉早餐中有名有姓的，街头巷尾的小店更是数不胜数。它们没有浮华的装修和浮夸的噱头，店外排队的人群，就是店家的活招牌。对于老武汉人来说，这些早餐店铺不仅仅是解决一日早饭的地点，也是多年来的生活记忆和情感联结。

研学地点
山海关路，万松园，粮道街

研学关键词
过早，热干面，三鲜豆皮

研学目标
了解武汉饮食文化

研学思考
武汉饮食受码头文化影响具体体现在哪些方面？

热干面

少年研学体验官：
学做一碗热干面

热干面是武汉相当热门的一种美食，面条纤细却口感筋道爽滑，配上鲜美的酱汁，一口下去满嘴生香。

热干面的制作方法非常讲究。首先，面条得选用碱水面，这种面条口感独特，自带韧性。先把碱水面煮至八成熟，捞出来后迅速淋上香油，同时上下翻拌，并用风扇吹凉。吃的时候，将面条放入开水锅中快速烫熟，立马捞出，这时浇淋上浓郁醇厚的芝麻酱，搭配上咸香爽口的辣萝卜丁、翠绿提香的香葱、滋味十足的卤水、适量的盐、酱油，以及少许胡椒粉，一碗地道的热干面就大功告成了。

舌尖上的武汉

武汉除了广为人知的"过早"文化，还有鲜嫩的武昌鱼、清甜的莲藕、肉质紧实的小龙虾等食材，经厨师的巧思烹制，化为一道道令人馋涎欲滴的佳肴……

漫步在武汉街头，热辣鲜香的气息扑面而来，这不仅是人间烟火，还是这座城市灵魂的生动展现。这些美食承载着武汉人的生活记忆，交织出独具特色的饮食风情。

研学新知

蔡甸莲藕什么口感？

蔡甸莲藕根据莲花颜色的不同可分为红莲藕与白莲藕两种。红莲藕炖后入口十分粉糯，炖汤味道更好；而白莲藕个头大，色泽白嫩，生吃口感清脆嫩甜，适合炒菜或凉拌。蔡甸莲藕在宋代还是献给皇帝的贡品。

又食武昌鱼

靠山吃山，靠水吃水，背靠着大江大湖的武汉拥有丰富的水产资源，这些新鲜的水产品也为武汉菜肴提供了优质的食材。其中最具代表性的，莫过于名扬天下的武昌鱼。毛泽东主席一句"才饮长沙水，又食武昌鱼"令武昌鱼名声在外，尤其是清蒸的做法，更体现出武昌鱼肉质细腻、味道鲜美的特点，是武汉菜肴中的代表。

清蒸武昌鱼

烹饪小技巧：蒸鱼时用大火，确保鱼肉在短时间内熟透，保持肉质的鲜嫩。

爱吃藕的武汉人

藕粉圆子　莲藕　炒藕带　莲藕排骨汤　炸藕夹

莲藕是武汉的特产，武汉市蔡甸区有着1000多年的莲藕种植历史，也被称为"华中莲藕第一乡"，是中国莲藕人工栽培的起源地。藕夹、藕汤、藕带、藕圆子等以莲藕为原料的菜品也是武汉人餐桌上的常客。据统计，2024年武汉人在10个月里吃掉的藕连起来居然有72座长江大桥那么长，武汉更是连续多年蝉联"最爱喝藕汤的城市"第一名。

"重口味"的饮食习惯

重油、重辣的码头饮食习惯也深刻影响着武汉人。由于旧时武汉码头工人体力消耗过大，需要吃重油重盐的饭菜来补充能量，久而久之，就形成了武汉人"重口味"的饮食习惯。在正餐之余，宵夜是武汉美食的又一个特色。特别是小龙虾，已成为武汉宵夜的标志性食物。每到夏天，武汉街头到处都是人们享用小龙虾的身影。据统计，一年就有超过1500吨的小龙虾被端上武汉人的餐桌。

在武汉，小龙虾可以说是被吃出了花，下面这几种做法的小龙虾是来江城不容错过的。

烧虾球

饭店必备菜，比起完整的小龙虾更方便入口，吃起来更加过瘾。

蒜蓉小龙虾

用细密的蒜蓉调味增香，口感层次丰富，吃完小龙虾之后用碗底的调料拌面是食客们心照不宣的吃法。

油焖小龙虾

做法来自湖北潜江，可以说是湖北小龙虾最经典的口味，麻辣鲜香。

高端的食材往往只需要简单的烹饪方式，清蒸保留了小龙虾最原始的鲜甜。

清蒸小龙虾

老武汉节日食话

武汉有着丰富多彩的家乡风俗和饮食文化，传统节日更是讲究颇多。

春节

作为中国传统节日里最重要的一个，武汉人过了腊八之后就开始置办年货，如腌腊鱼腊肉、做小吃、磨豆腐、杀鸡宰羊等等。至腊月二十八晚开锅，将年夜饭食材全部准备完毕。

端午节

端午节除了粽子之外，武汉地区的人还吃芝麻糕、绿豆糕、盐蛋、鳝鱼。端午是吃鳝鱼的时节，这个时间段的鳝鱼是比较肥美的。

中秋节

中秋节，月饼是一定要吃的，在武汉，人们有时还会用鸡蛋煮米酒，以及吃应季的板栗烧鸡。

江城梅花处处开
武汉梅韵展风骨

梅花是武汉市花，李白的诗句"黄鹤楼中吹玉笛，江城五月落梅花"，不仅让武汉有了"江城"的雅称，也让武汉与梅花紧紧联系在了一起。武汉人种梅、赏梅、研究梅花的历史悠久，梅花傲霜斗雪的品格，也与这座城市"敢为人先、追求卓越"的城市精神不谋而合。梅如城，城似梅，1983年，在市花评选活动中，梅花以超高人气当选市花。

研学地点
东湖梅园，黄鹤楼公园

研学关键词
武汉市花——梅花的文化价值

研学目标
了解武汉与梅花的渊源

课堂链接
语文教材二年级上册：日积月累《梅花》

研学思考
你能列举一些与梅花相关的诗词或故事吗？

观赏价值
花色多样，花期在早春，香气清新淡雅，不仅可以作为园林景观，还可以用作切花。

梅花的多重价值

文化价值
与竹、松并称"岁寒三友"，代表了坚韧不拔、坚贞勇敢的精神。

青花岁寒三友人物纹盘 清
扬州中国大运河博物馆藏

药用价值
味苦、微甘、微酸，性凉，具有疏肝解郁、开胃生津、化痰的功效。

梅花饼

食用价值
可做梅花粥、蜜渍梅花、梅花汤饼等美食。

悠久绵长的培植历史

我国是梅花的原产地，栽培历史超过3000年，武汉与梅花的渊源更是深厚。相传我国有五大古梅，其中年代较早的晋梅就栽植于湖北。

明清时期武汉赏梅之风更盛，卓刀泉、梅子山等地因梅花而名噪一时，是当时文人墨客竞相游历、吟咏的对象。

数读武汉梅花 ↙

107座城市公园和景区种有梅花

共栽梅树超过**10**万株

百株以上规模的梅林**34**片

武汉精神与梅花品格

梅花之所以成为武汉的市花，并非偶然。"一朵忽先变，百花皆后香"，武汉的梅花，见证了这座城市历经风雨、饱经沧桑的辉煌历程，每一次历史的转折，都有梅花精神的陪伴与激励。这种"一树独先天下春"的品格也成为武汉人自强不息的精神标识。

数读东湖梅园

面积达**800**余亩
种植有**360**余个品种
梅树**2**万余株

形态优美、色彩斑斓的梅花为武汉的早春时节增添了一抹亮丽的色彩。

研学新知

蜡梅居然不是梅

蜡梅其实是蜡梅科蜡梅属的落叶灌木，和梅这种蔷薇科李属的落叶乔木毫无关系。只是花期和梅花相近，香味又类似，形状如同蜜蜡才叫蜡梅。

武汉寻芳入梅园

武汉东湖梅园所在地，自古以来就是梅花的理想栖息地，这里百岁以上的梅树有近200棵。东湖风景区种植梅花的历史可以追溯至20世纪30年代。

1930年，湖北武昌银行家周苍柏在东湖之滨创立私家园林海光农圃，其中就包括了梅花的培植。得益于武汉独特的气候与土壤条件，梅花在这里得以繁衍生息。通过引种、选育、杂交授粉等多种途径，园方不断扩充梅花品种，使这里成为全世界梅花品种最全的梅花专类园。

不一样的 武汉 公共交通

作为中部地区的交通枢纽，武汉不仅承载着巨大的交通流量，还肩负着引领科技创新、推动绿色发展的重任。在这样的背景下，光谷空轨、全自动驾驶地铁线、无人驾驶汽车等交通工具应运而生。

光谷空轨：科技感十足的空中列车

什么是空轨?

空轨即悬挂式单轨列车，是一种中低运量，环保且低碳的城市轨道交通。武汉光谷空轨旅游线，是中国首条悬挂式单轨线路，于2023年9月26日正式开通运营。

光谷空轨运用了哪些最新的技术?

空轨车体采用类高铁用空气弹簧等多项减震技术，并且桥梁与建筑分离，减少噪音和震动，提高了空轨的稳定性和乘客的舒适度。列车采用两节编组，运用了全自动运行无人驾驶技术。设计速度为70千米/小时，乘坐时仿佛在空中"飞行"。值得一提的是，车厢底部设计有观景窗，人坐在车厢内可以270°观景。

空轨线路图

高新大道站　高新四路站

九峰山站　高新二路站　综保区站　龙泉山站

沿线景点
九峰山森林动物园
鸡公山公园

全自动驾驶地铁线：智慧交通的新标杆

武汉地铁5号线是武汉首条全自动驾驶线路，于2021年12月26日开通运营。

5号线的列车全程无须司机操作，可实现自动休眠、自动唤醒、自动检测、自动发车离站、到站精准停车、自动开闭车门等全套操作。控制中心作为整条线路的中枢大脑，能实时监控列车及车站设备的运行状态，提高列车运行的效率。

5号线的列车取消了司机室，站在车头便可解锁地铁列车司机视角能看到的独特风景。

轮渡：江城情怀的独特载体

除了这些新兴的交通工具外，武汉轮渡作为这座城市最古老的公共交通方式之一，因其较低的费用和高性价比十分受大众欢迎。

武汉轮渡的历史可以追溯到清代，曾任湖北巡警道的冯启均购置了两艘汽艇，开辟了从汉口汉江口到武昌汉阳门的轮渡航线。在1957年长江大桥通车前，粤汉铁路、京汉铁路的旅客还要通过轮渡的方式跨越长江。这一艘艘渡船曾是连接武汉三镇的主要纽带，也是隔江之人见面的重要途径，更承载着几代武汉人的记忆。

部分轮渡航线

▶ **武中线**

武汉关码头 - 中华路1号码头

最经典的航线，这条线路可以看到江汉路、黄鹤楼、武汉长江大桥等武汉地标性建筑。

▶ **大禹航线**

晴川码头 - 中华路2号码头

这是从武昌到汉阳最快的一条轮渡航线。

▶ **江滩观光线**

中华路1号码头 - 武汉关2号码头 - 晴川码头

环线，在船上可以看两江四岸沿途景色，领略长江磅礴的气势。

研学 武汉
WUHAN